U0564040

我国可再生能源替代的
经济环境效应及激励机制研究

Renewable Energy Substitution in China: A Study of its Economic,
Environmental Effects, and Incentive Mechanisms

赵文会　毛　璐　钟孔露　谭忠富　著

中国电力出版社
CHINA ELECTRIC POWER PRESS

内 容 提 要

本书以能源经济学、技术经济学、环境经济学和产业经济学等理论为指导，从应对气候变化与发展可再生能源的必要性出发，全面总结了可再生能源发展的国际国内背景、实践经验及支持政策。本书利用 CGE 模型分别从碳税政策、化石能源价格政策和水电增值税退税政策对可再生能源替代的能源经济环境效应进行了专题分析，并给出了相应的政策意见；同时，利用投入产出模型分析了可再生能源发电效益、借助系统动力学模型在政府参与调控的情况下分析了可再生能源的发电绩效，并结合案例测算了所建模型的效应。全书共分为 10 章，主要包括我国能源结构现状、可再生能源替代、CGE 模型构建及数据处理、碳税政策对可再生能源替代的能源环境效应影响、化石能源价格政策对可再生能源替代的能源经济环境效应影响、水电增值税退税政策的可再生能源替代效应、基于投入产出的区域间可再生能源发电经济效益评价、政府调控下可再生能源发电绩效评价的系统动力学模拟、可再生能源投资的政府激励机制、总结与展望。

本书可作为普通高等院校新能源专业参考教材，也可作为相关专业研究人员的参考书。

图书在版编目（CIP）数据

我国可再生能源替代的经济环境效应及激励机制研究 /
赵文会等著. -- 北京：中国电力出版社，2025.5.
— ISBN 978-7-5198-9773-4

Ⅰ.F426.2

中国国家版本馆 CIP 数据核字第 2025KT1275 号

出版发行：中国电力出版社
地　　址：北京市东城区北京站西街 19 号（邮政编码 100005）
网　　址：http://www.cepp.sgcc.com.cn
责任编辑：冯宁宁（010-63412537）
责任校对：黄　蓓　李　楠
装帧设计：郝晓燕
责任印制：吴　迪

印　　刷：固安县铭成印刷有限公司
版　　次：2025 年 5 月第一版
印　　次：2025 年 5 月北京第一次印刷
开　　本：710 毫米×1000 毫米　16 开本
印　　张：9.25
字　　数：142 千字
定　　价：45.00 元

版 权 专 有　侵 权 必 究

本书如有印装质量问题，我社营销中心负责退换

前　言

　　如何保持我国经济与能源环境协调发展，如何利用能源环境的相关政策实现我国可再生能源的替代，已成为当前一个重大现实性问题。从世界各国的实践路径来看，由低碳到实现最终的零碳能源，一是通过大幅提升能源的使用效率，在能源消费侧减少化石能源使用；二是重点发展可再生能源。本书围绕第二点可再生能源替代的经济环境效应及激励机制展开相关研究。首先，建立可计算一般均衡（computable general equilibium，CGE）模型，通过不同的能源政策来分析可再生能源替代的经济环境效应。然后，基于当前可再生能源发电壁垒，通过投入产出分析以及系统动力学等方法建立政府的激励机制。具体如下：

　　（1）全面总结了我国能源结构现状以及可再生能源发展的相关政策，建立了可计算一般均衡模型（CGE 模型），把能源政策、可再生能源替代纳入一个统一的系统性框架中研究，为可再生能源替代的能源经济环境效应研究打下基础。

　　（2）研究了碳税政策、化石能源价格政策和清洁能源水电的政府激励优惠政策——增值税退税政策对可再生能源替代的能源经济环境效应，系统分析了实施相关政策对我国可再生能源发展的影响，并提出相应政策建议。

　　（3）研究了我国三北地区的风电经济效益评价问题。利用我国三北地区 2009—2012 年相应数据，构建超效率数据包络分析（data envelopment analysis，DEA）和 Malmquist 指数（malmquist productivity index，MPI）模型对其风电投资效益进行测度和比较，并结合算例提出符合区域风电发展的合理性建议。

　　（4）基于系统动力学视角搭建风电发展的能源、环境、经济支撑体系，对风电绩效进行评价研究。从需求侧、电网侧、发电侧出发构建系统动力学（system dynamics，SD）模型，基于系统动力学视角搭建风电发展的能源、环境、经济支撑体系，对风电进行绩效评价研究，同时从国家政策方面，分析其在风电发展中的行为能力，并提出相关策略。

（5）研究了影响风力发电决策的政府激励机制。该部分考虑影响风力发电发展的技术研发补贴、电价补贴、税收等因素，并且基于机制设计理论在考虑上述影响因素的情况下构建政府对风力发电项目的激励机制模型。最后对搭建模型进行解析得出合理的政府补贴和税收征收率，结合实际问题构建适合我国目前风力发电发展的政府激励机制。

通过模拟分析论证了实施碳税、化石能源价格政策和水电增值税退税政策对可再生能源替代、CO_2 减排的有效性。指出了在我国三北地区的风电经济效益评价问题中，影响区域间投资绩效存在差异的关键因素和主要原因，分析了影响风电效益的关键因子及相互因果关系。构建了政府对风电项目的激励机制模型，解析得出了合理的政府补贴和税收征收率，并结合案例测算了所建模型的效应。

本书由上海电力大学赵文会、毛璐、钟孔露、谭忠富编写。在本书编写过程中，还参考了许多专家、学者的著作，在此一并致谢。本书受到上海哲学社会科学规划课题（2024BGL015）的支持。

由于作者水平有限，书中难免存在疏漏和不妥之处，欢迎广大同行专家批评指正。

编者

2025 年 2 月

目 录

第1章 我国能源结构现状

我国能源资源丰富，不仅包括煤炭、石油、天然气等化石能源，也包括风电、太阳能、水电、核电等清洁能源。长期以来，我国形成了以煤炭为主、石油为辅的能源结构。随着人口的增加、工业化、城镇化的加快以及我国经济的稳步增长，我国的能源消费总量也在不断增长，高消耗、高污染、高排放使得化石能源日益短缺、生态环境日益恶化，这与当前以化石能源为主的能源消费模式之间的矛盾也日益凸显。因此，优化我国的能源结构势在必行。

优化能源结构的进程中，需要平衡我国化石能源间的生产和消费，降低化石能源在能源结构中的比例，同时提高可再生能源、水电、核电等清洁能源在能源结构中的比例，从而建立清洁型的能源结构，减少对化石能源的依赖和消费，大力发展可再生能源，促进可再生能源对化石能源的替代。我国现有的能源结构主要依赖化石能源，其中煤炭是主要的能源来源。但化石能源的开采和使用对环境造成了很大影响，并且资源有限。相比之下，可再生能源如太阳能、风能等是一种更加环保、可持续的能源形式，但在我国能源结构中的占比还比较小。因此，急需将可再生能源整合到整个能源结构，提高其在能源结构中的比例，这不仅可以缓解能源资源的压力，减少对化石能源的依赖，还可以减少对环境和健康的负面影响。同时，随着可再生能源技术的不断发展，它的成本也在逐渐下降，逐渐成为可靠的替代能源。因此，整合可再生能源到能源结构中，也可以促进能源供给的多样化和能源转型的加速。

1.1 背　　景

在现有的经济系统中，能源作为国民经济生产最基本的物质基础之一，发挥着不可替代的重要作用。但现代经济发展模式对煤炭等化石能源的过分依赖，使其在促进经济发展的同时，导致温室气体（greenhouse gases，GHG）排放加剧了环境污染。化石能源使用对经济发展的负效应，以及其作为耗竭性资源的稀缺性，将对以化石能源为基础的现代经济系统产生重大影响，并使系统的长期稳定性变得脆弱。

当前，我国已将应对气候变化上升到国家战略，提出到 2030 年非化石能源占一次能源比重达到 20%左右的目标。2022 年，煤炭消费占能源消费总量的 56.2%左右，而以燃煤为主力的火电发电比例占总发电量的 52%。以煤电为主的电力结构使得我国电力工业单位排放较高。因此，我国电力工业面临巨大的减排压力，必须改变煤电依赖程度过高的现状，将可再生能源的替代提上日程。

我国可再生能源资源丰富、开发潜力巨大，促进可再生能源发展、加速可再生能源替代有利于实现我国能源的可持续发展。长期以来，化石能源一直在我国的能源消费结构中占有主导地位，而我国化石能源的资源储量不足以支撑我国经济的长久发展。相对于化石能源而言，我国的可再生能源资源丰富，取之不尽、用之不竭。目前我国可再生能源主要的开发利用方式是可再生能源发电，随着我国可再生能源的开发利用技术的进步，我国开始大规模利用可再生能源，2020 年我国累计风电并网容量达到 281.53GW，太阳能光伏发电 2012 年新增装机 49.2GW，核电和水电也在重点建设中，截至 2018 年中国可再生能源装机容量占全球比重达32.3%。2014 年 2 月，世界基金会发布报告指出如果中国能够在未来的几十年中最大限度地提高能源效率，加大可再生能源的扶持力度，提高可再生能源发电技术，预计到 2050 年可再生能源发电量可达到 80%左右。可再生能源中长期战略规划中也指出，预计到 2050 年基本实现可再生能源替代化石能源，从根本上改变我国的能源结构。

此外，大力发展可再生能源对我国碳排放目标的实现也有很大的促进作用。我国碳排放减排的近期目标是："十四五"期间实现 CO_2 排放量减少 26.6 亿 t，未来五年累计单位国内生产总值（gross domestic product，GDP）能耗下降 13.5%，而 80%的 CO_2 排放量均来自化石燃料的燃烧，就目前的减排情况来看，这是一个巨大的挑战。可再生能源在实现对化石能源替代的同时，也能够很大程度地减少 CO_2 排放量，有利于我国节能减排目标的实现。

2015 年 3 月和 7 月，我国政府在《关于进一步深化电力体制改革的若干意见》（中发〔2015〕9 号）和《关于积极推进"互联网+"行动的指导意见》中相继提出推动我国电力生产、消费及技术结构的整体转型，在"互联网+"智慧能源的模式中，加强分布式能源网络建设，提高可再生能源占比，促进能源利用结构优化的重要要求。因此，研究如何能够加速可再生能源发展、促进可再生能源替代、优化能源结构有一定的时代要求。

1.2　能源结构组成

我国能源结构的主要能源组成包括煤炭、石油、天然气、可再生能源、水电、核电等，其中煤炭、石油、天然气属于化石能源，可再生能源、水电、核电属于非化石能源，也称清洁能源。由于近几年经济和工业化、城镇化进程的加快，化石能源的燃烧日益增加，而我国特殊的资源禀赋使得我国的化石能源储量日益减少，经济的发展和人民的生活离不开能源的消费和使用，因此急需寻找化石能源的替代能源。可再生能源如水能、风能、太阳能等不仅储量丰富，取之不尽、用之不竭，而且不会产生温室气体等污染性气体的排放，未来开发潜力巨大，可以实现能源的可持续发展。

1.2.1　化石能源

中国拥有丰富的自然资源，其自然资源总量在全球范围内排第七位，能源资源总量位居第三。2021 年，中国的主要能源矿产储量包括 2078.85 亿 t 煤炭、36.89 亿 t 石油、63392.67 亿 m³ 天然气、5440.62 亿 m³ 煤层气以及 3659.68 亿 m³ 页岩气。与此同时，我国人口约占全球人口的 20%，中国拥有可探明的煤炭储量约占全球储量的 11%，石油储量占 2.4%，天然气占 1.2%，人均能源资源占有量不到全球平均水平的一半，石油资源甚至只有全球平均水平的 1/10。如图 1-1 所示，2012—2021 年我国能源消费总量呈逐年增长趋势。但面对日益增长的能源需求，我国在能源领域仍面临挑战。因此，必须在保障国内能源安全的同时，加强环境保护和绿色能源的发展，以实现未来能源可持续性。

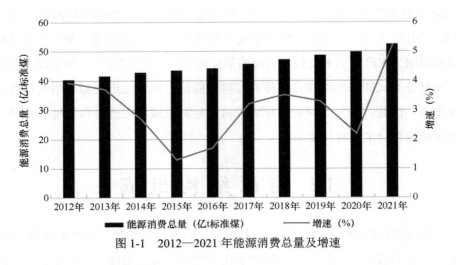

图 1-1　2012—2021 年能源消费总量及增速

2020 年，我国能源消费总量为 49.8 亿 t 标准煤，其中化石能源消费总量约为41.9 亿 t 标准煤，占比约为 84.1%，非化石能源消费占比约为 15.9%。2021 年，我国能源消费总量为 52.4 亿 t 标准煤，煤炭消费量占能源消费总量的 56.0%。由此可见，我国化石能源在可开采储量相对于世界其他国家较匮乏的情况下，对化石能源的消费量则相对较高。

此外，我国人均能源消费量和人均煤炭消费量逐年递增，如图 1-2 所示，从2012—2021 年，人均石油消费量和人均能源消费量均逐步增加，人均煤炭消费量则相对平稳。如果以这样的能源消费增速，我国原油能源将会迅速耗竭，所以，优化能源结构、降低煤炭石油等化石能源的消费占比迫在眉睫。

我国化石能源进口量呈现较快速度的上升趋势。我国化石能源的消费速度远远大于我国化石能源的开采速度以及生产速度，而我国化石能源的储量远远满足不了我国对化石能源的消费量，因此我国化石能源生产和能源消费极不均衡，为此我国以与世界各国进行能源贸易达到化石能源的优化配置为目标。我国能源资源富煤少油，而全球的石油资源大部分分布在中东地区，因此我国石油消费对国外进口存在较大的依赖度，我国的化石能源贸易以石油进口为主。

4

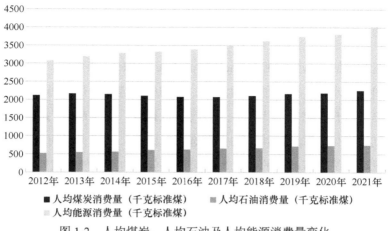

图 1-2　人均煤炭、人均石油及人均能源消费量变化

　　由图 1-3 可知，从 2012 年至 2020 年，我国原油进口量稳步上升，逐年增长，2021 年原油进口量相对于 2020 年略有下降。2021 年以来，国际油价破位上涨，原油的进口成本大幅走高，抑制了部分进口需求。国内煤炭市场供需关系紧张，内贸煤价格持续上行，外煤在价格上优势明显，煤炭进口量同比上涨。2021 年原油进口 51298 万 t，同比减少 5.4%，金额 16618 亿元，同比增加 34.4%。2021 年煤及褐煤 32322 万 t，同比增长 6.6%，金额 2319 亿元，同比增加 64.1%。目前我国石油消费对外具有较高的依存度，世界石油价格变动将会对我国经济和能源消费产生较大的冲击和影响。

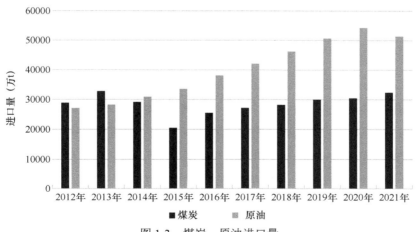

图 1-3　煤炭、原油进口量

1.2.2　可再生能源

清洁能源包括可再生能源（renewable energy，RE）、核能等，可再生能源包括风能、太阳能、水能、地热能、潮汐能、生物质能等各种可以再生的能源。这些能源资源丰富，开发潜力巨大，并且低污染低排放，越来越成为解决化石燃料枯竭、应对气候变化、降低碳排放的重要选择。因此，大力开发可再生能源，实现可再生能源对传统化石能源的替代是我国乃至全球的重要能源战略。

水能是我国开发规模最大的一种清洁能源，水力发电是我国对水能资源开发利用的主要形式，与煤电相比较每 1kW·h 的水电电量大约可以减少原煤用量 500g 和 CO_2 排放量 1100g，既经济又环保。我国水能资源技术可开发量居世界首位，我国水电资源主要富集在西南地区，技术可开发量 4.76 亿 kW，在全国比例为 69.3%。

风力发电是对风能开发利用的主要形式，我国的风电厂主要分布在我国的西北地区，具有较大的开发潜力。以往的研究成果表明我国离地面 10m 高度处风能功能密度在 150W/m 及以上的陆地面积约为 20 万 km²，理论储量超过 40 亿 kW，根据目前的风能开发技术，可开发量约为 6 亿到 10 亿 kW。从 2006 年可再生能源法颁布以来，风力发电进入了快速发展时期，2006—2009 年，风力发电的新增装机增长率均在 100% 以上。截至 2021 年 11 月，我国风电并网装机容量达到 30015 万 kW，突破 3 亿 kW 大关，较 2016 年年底实现翻番，是 2020 年年底欧盟风电总装机的 1.4 倍、是美国的 2.6 倍，已连续 12 年稳居全球第一。风电对全国电力供应的贡献不断提升。

光伏发电是利用半导体将光能转换为电能的发电技术，是太阳能利用的重要形式。太阳能具有巨大的开发潜力，我国拥有 130.8 万 km² 的沙漠资源，主要分布在西北地区，包括西藏、新疆、青海、甘肃等地，年总辐射量超过 1600kW·h/m²。我国房屋建筑面积 430 亿 m²，房屋面积 178 亿 m²，我国与建筑面积相结合开发太阳能潜力巨大，假设 50% 的房屋安装太阳能，以北京、天津、上海、广州等较为发达的城市为例，假设这些城市 30% 的房屋安装太阳能发电设备，则到 2030 年太阳能发电能够达到 4288 万 kW。因此，太阳能发电将是一种发展潜力巨大的可再生能源。

核能的利用形式就是核能发电，核能发电技术通过核反应堆产生大量的核能进行发电，它高效能零排放，只需消耗很少的核燃料，就可以产生大量的电能，每千瓦时电能的成本比火电站要低 20%以上。而且核电站还可以大大减少燃料的运输量，具有较好的经济效益和环境效益。我国的核电政策转自积极、大力发展核电建设，截至 2021 年年底，我国大陆在建核电机组 16 台，总装机容量 1750.779 万 kW，预计 2025、2030、2035 年我国核电在运装机将分别达到 70GW、110GW、150GW，核电建设有望按每年 8~10 台推进。

目前我国作为能源使用的生物质能的资源约为 2.9 亿 t 标准煤，主要为农业有机废弃物。生物质能的主要利用方式为发电以及制取沼气等，截至 2021 年，我国生物质发电新增装机为 808 万 kW，同比 2020 年增长 48.80%。我国生物质发电累计装机量为 3798 万 kW，同比 2020 年增长 28.66%。随着农业有机废弃物的增多和技术的进步，预计到 2050 年，生物质能的总的利用潜力为 8.9 亿 t 标准煤。

我国地热可开采储量约为 4626 亿 t 标准当量，资源潜力占全球总量的 7.9%，如果考虑目前已经探明的高温地热情况以及中低温地热勘探打井情况，我国高温地热的资源潜力为 582 万 kW，发电潜力为 300 亿~400 亿 kW，近期中低温地热资源可利用量相当于 1440 万 kW 的装机容量，总计折合约为 500 万 tce 的年产能。

海洋能作为一种可再生能源，仍有较大的开发潜力，由于国内起步较晚，我国沿海波浪能资源理论量为 1285 万 kW，其中台湾沿海较为丰富，其次是浙江、广东、福建和山东沿海，约为 200 万 kW。潮汐能理论蕴藏量为 1.4 亿 kW，可开发利用约为 2100 万 kW，每年可发电量约为 580 亿 kW，海洋温差能也较为丰富。总之，我国海洋能资源丰富，可开发利用量可以达到 10 亿 kW。表 1-1 为 2050 年可再生能源资源潜力汇总。

表 1-1　　　　　　　　2050 年可再生能源资源潜力汇总

类型	理论蕴藏量（亿 kW）	可开发利用量（亿 kW）	产能量（亿 t 标准煤每年）
风能	43	7~12	5~8
太阳能	1.7 万亿 t 标准煤	22	11~14

续表

类型	理论蕴藏量（亿 kW）	可开发利用量（亿 kW）	产能量（亿 t 标准煤每年）
生物质能	—	—	8.9
水能	6	5	8.6
地热能	4626.5 亿 t 标准煤	0.2	0.5
海洋能	6100	9.9	5.5
合计	—	59	40～46

注　本文数据来自《中国可再生能源发展战略丛书》。

由此可见，我国可再生能源的储量丰富，当前技术可开发的可再生能源利用量相当巨大，相当于 40 亿～46 亿 t 标准煤的产能量。这将替代我国的大量化石能源，减少大量的 CO_2 排放量，充分发挥节能减排的作用。

1.3　能源结构现状

能源结构是指能源总生产量或总消费量中各类一次能源、二次能源的构成及其比例关系，包括能源生产结构和能源消费结构。由于我国富煤少油的资源禀赋制约和相对不成熟不完善的开发技术，各类能源在能源生产结构和能源消费结构中占比有所不同。煤炭在我国的能源结构中仍然占有较大比重，石油天然气次之，包括可再生能源在内的清洁能源则在能源结构中占有比例较小。因此，我国的能源生产结构和能源消费结构极其不平衡。

2006 年可再生能源法的颁布，对我国可再生能源的发展起到了一定的刺激作用。我国给予可再生能源产业的激励政策，包括可再生能源发电的收购电价的费用分摊办法、税收优惠政策、财政贴息、提供可再生能源发展的专项研究资金等，在一定程度上刺激了可再生能源的发展。截至 2023 年，我国能源安全供应能力稳步增强。全年新增电力装机为 3.3 亿 kW，总装机容量达到 29 亿 kW，同比增长 12.9%，全国电力供应总体稳定。可再生能源成为保障电力供应的新力量，总装机容量 2023 年年内连续突破 13 亿、14 亿 kW 大关，占全国发电总装机比重超过 50%，历史性超过火电装机；风电光伏发电量占全社会用电比重突破 15%。因此，在目前的激励措施和开发技术下，我国可再生能源对传统的化石能源的代替率稳步提升，在逐步改变我国以化石能源消费为主的能源消费结构。

2009 年，我国政府向世界承诺："争取到 2020 年非化石能源占一次能源消费比重为 15%左右。" 2021 年，面对煤炭供应偏紧、价格大幅上涨等情况，煤炭生产企业全力增产增供，加快释放优质产能，全年原煤产量 41.3 亿 t，比上年增长 5.7%。全年原油产量 19888.1 万 t，比上年增长 2.1%，增速比上年提高 0.5 个百分点，连续三年产量回升。全年天然气产量 2075.8 亿 m³，比上年增长 7.8%。天然气产量首次突破 2000 亿 m³，也是连续 5 年增产超过 100 亿 m³。全年发电量 85342.5 亿 kW·h，同比增长 9.7%；火电发电量 58058.7 亿 kW·h，同比增长 8.9%；水电发电量 13390 亿 kW·h，同比减少 1.2%；核电发电量 4075.2 亿 kW·h，同比增长 11.3%。如图 1-4 所示，能源生产总量呈明显的上升趋势，其中煤炭生产在能源生产结构中长期处于主导地位。

2021 年我国能源生产和消费结构显著优化，清洁能源生产比重同比提高 0.8 个百分点，非化石能源消费比重同比提高 0.7 个百分点。能耗强度和碳排放强度持续下降，能耗强度同比降低 2.7%，碳排放强度同比降低 3.8%。

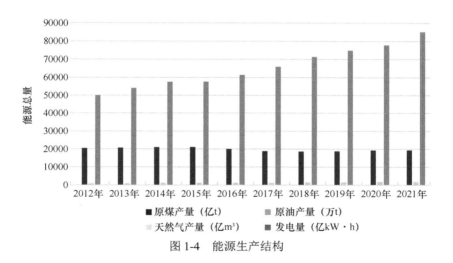

图 1-4　能源生产结构

如图 1-5、表 1-2 和表 1-3 所示，从各类能源在能源生产结构和能源消费结构中所占的比例来看，能源消费结构和能源生产结构中仍是以原煤消费为主，但在能源生产结构中的占比有所下降，从 2012 年的 76.2%下降到 2021 年的 67%。原油的生产总量在能源生产结构中的占比稳中有降，天然气的生产总量在能源结构中的比例有所上升，水电、风电、核电等清洁能源在整个能源生产结构中的比例稳步上升。到 2021 年年底，非化石能源的生产比例达到 20.3%。

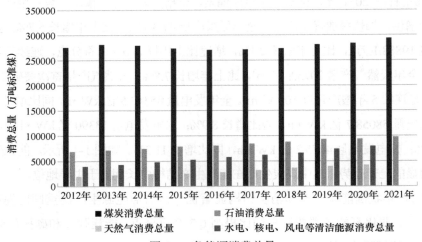

图 1-5　各能源消费总量

表 1-2　　　　　　　　各类能源在能源生产结构中的占比　　　　　　　　（%）

能源＼年份	2012 年	2013 年	2014 年	2015 年	2016 年	2017 年	2018 年	2019 年	2020 年	2021 年
原煤	76.2	75.4	73.5	72.2	69.8	69.6	69.2	68.5	67.6	67
原油	8.5	8.4	8.3	8.5	8.3	7.6	7.2	6.9	6.8	6.6
天然气	4.1	4.4	4.7	4.8	5.2	5.4	5.4	5.6	6	6.1
一次电力及其他	11.2	11.8	13.5	14.5	16.7	17.4	18.2	19	19.6	20.3

表 1-3　　　　　　　　各类能源在能源消费结构中的占比　　　　　　　　（%）

能源＼年份	2012 年	2013 年	2014 年	2015 年	2016 年	2017 年	2018 年	2019 年	2020 年	2021 年
原煤	68.5	67.4	65.8	63.8	62.2	60.6	59	57.7	56.8	56
原油	17	17.1	17.3	18.4	18.7	18.9	18.9	19	18.9	18.5
天然气	4.8	5.3	5.6	5.8	6.1	6.9	7.6	8	8.4	8.9
一次电力及其他	9.7	10.2	11.3	12	13	13.6	14.5	15.3	15.9	16.6

由表 1-3 可知，各类一次能源在能源消费结构中的占比呈现出相对较稳定的状态，虽然原煤的总消费量均有所下降，但其在能源消费结构中仍然处于主导地位。原油的消费占比较为稳定，维持在 17%、18%，天然气的消费占比稳步上升，由 2012年的 4.8%升至 2021 年的 8.9%。一次电力及其他能源近几年其消费总量在不断上升，

在消费总量中所占的比例也在不断上升，从 2012 年的 9.7%升至 2021 年的 16.6%。

在当前的代替速度下，能源结构也有一定的优化，煤炭的消费量在能源结构中的占比有所下降，可再生能源的比例有所上升。截至 2021 年年底，各类一次能源在能源消费结构中的比例如图 1-6 所示。2021 年，我国清洁能源消费占比达到 25.5%，比 2012 年提升了 11 个百分点；原煤消费占比达 56%，比 2012 年下降了 12.5 个百分点；风光发电装机规模比 2012 年增长了 12 倍左右，新能源发电量首次超过 1 万亿 kW·h。与我国的可再生能源的储量相比，可再生能源的生产和消费潜力巨大，能源消费结构尚待进一步优化。

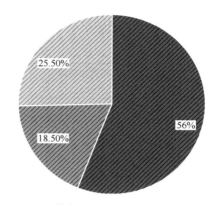

图 1-6 2021 年一次能源在能源消费结构中的占比

1.4 能源结构优化目标

在当前可再生能源固有的替代速度下，我国的能源消费模式有三种情况短期内不会改变：我国能源的总消费量不断增加；我国煤炭和石油等化石燃料的消费量不断增加；我国能源结构仍以煤炭作为主要能源。因此，在当前的能源消费模式下，优化能源结构的目标为：降低化石能源消费量的增加速度，并尽可能地降低化石能源在整个能源结构中的占比，最大程度地增加可再生能源等清洁能源在能源结构中的占比，加快可再生能源对化石能源的替代，从而降低我国经济发展对高污染、高排放的化石能源的依赖。因此，大力发展可再生能源、提高可再生能源在能源结构中的占比、加快可再生能源对传统化石能源的替代是优化能源结构的重要途径。

2014 年 7 月，联合国发布的《深度减碳出路》中指出，从推广可再生能源入手，降低 CO_2 排放量，实现低碳发展，并预计到 2050 年中国发电量约为 10 万亿 kW·h，电力排放的 CO_2 从 743g/（kW·h）降低到 32g/（kW·h），可再生能发电量将占总发电量的 76%左右。我国的可再生能源战略研究项目组也根据我国的能源需求、化石能源储量、可再生能源储量、可再生能源开发技术、CO_2 减排目标等方面为我国的可再生能源发展制定了中长期的战略目标，见表 1-4。

表 1-4　　　　　　　　　可再生能源中长期战略目标

时间	可再生能源	不包含水能的可再生能源	包含水能的可再生能源
中期至 2020 年	产能量/亿 tce	1.8～3.3	5.4～6.9
	能源消费占比	5%～10%	15.5%～19.7%
	能源使用状况	化石能源占主导，可再生能源占比大增	
长期至 2030 年	产能量/亿 tce	4～8	8.6～12.6
	能源消费占比	10%～19%	20%～30%
	能源使用状况	可再生能源成本降低，具有较强的竞争优势，是能源产量增加的主力军	
远期至 2050 年	产能量/亿 tce	8.8～17.1	13.2～21.5
	能源消费占比	14%～34%	26%～43%
	能源使用状况	实现可再生能源的替代，化石能源占比下降，可再生能源占比上升	

注　数据来源是《可再生能源发展战略研究丛书》。

由表 1-4 可知，到 2030 年我国可再生能源具有较强的成本优势，可再生能源发电规模将会不断增大，产能不断增大，在能源结构中的占比不断提高。到 2050 年基本实现可再生能源对化石能源的替代，可再生能源在能源结构中的占比不断提高，加上较为积极的促进方案，有望达到 43%，而化石能源占比将会下降，彻底改变当前化石燃料的需求量不断上升、在能源结构中占有主导地位的能源结构现状。

本　章　小　结

通过对我国能源结构的现状分析，我国可再生能源对化石能源的替代是我国发展清洁型能源结构的迫切要求，也是实现能源可持续发展的必然举措。而目前影响可再生能源替代的因素很多，包括实施碳税、化石能源价格变化等。这些可再生能源政策都能够加速可再生能源的发展，减少能源依赖，特别是对化石能源的依赖，从而加速可再生能源替代。而这么多的可再生能源政策中，由于篇幅限制本书只分析化石能源价格变化和实施碳税这两种驱动因素对可再生能源替代的影响，其他的政策影响本书不作分析。

第2章 可再生能源替代

随着全球经济的发展以及世界各国政府对环境保护的意识日益增强，以煤炭、化石燃料为主的经济发展格局陷入瓶颈。随之而来的是世界各国以及中国努力开发新能源，政府以及相关社会机构颁布并执行相关激励政策，以控制消耗性资源的进一步利用，同时也进一步把可再生能源作为替代产品带入大众的视野。

纵观能源的使用历史可以发现，整个过程就是效率高的能源替代效率低的能源，那么考虑到现在，风能、潮汐能、太阳能等可再生能源可以实现缓减环境压力、保障能源安全、促进经济增长等多个方面的协调发展，并且使之达到平衡，因而可再生能源替代发展受到国内外的高度重视，并且这也将成为今后有关可再生能源发展的重要领域。

2.1　国外可再生能源替代的实践经验

国外学者对可再生能源研究的起步较早，技术研究是其早期研究的重点。随着经济的发展以及技术的成熟，其关注重点不再仅仅局限于可再生能源发展的技术领域，而是考虑到环境效益以及消耗性资源的不可复制性，现在更多学者将目光转向于可再生能源的发展替代领域。着重介绍几个典型国家的实践现状。

2.1.1　德国

德国作为世界上在可再生能源发展领域堪称样本的国家，其可再生能源产业以及相关的技术创新一直是世界其他各国的楷模。一直以来，德国政府都致力于再细化可再生能源的发展规划，积极研究推广一系列优惠政策以及资助措施，取得了较为显著的成绩：其可再生能源开发与利用在法制上已经形成了联邦法规促进体系，并就此出台了一系列融资以及科研支持的相关政策；可再生能源的发展替代已经以较快的速度实现了商业化、市场化、合理化，在这基础之上促进了环境效益的进一步提高、经济发展的进一步加快；已经形成涵盖治理机制、监管机制、惩罚机制等各大机制的非技术创新体系。

在可再生能源已经成为全球竞争的核心领域的大环境下，德国早在 2000 年便颁布了《中华人民共和国可再生能源法》，并在一年之后做出了相关修订，其有关可再生能源的发展对世界各国都有借鉴作用。尽管目前国内一些媒体曝出德国可再生能源的发展陷入窘迫的境地，认为其发展抬高了电价，使得一些大型企业以及普通民众都受到了巨大的影响，但是现实情况却是绝大多数民众以及政府对可再生能源发展坚定不移的支持。所以德国的可再生能源替代发展带给了我们良好的借鉴。

2.1.2 丹麦

自 20 世纪 70 年代后，丹麦就大力调整能源结构，将重心转移到可再生能源方面，并且取得了举世瞩目的成绩，通过不懈的努力，现如今丹麦已然成为世界上利用可再生能源的模范。

随着能源生产和供应的不断增长以及重视可再生能源的结构调整，严重污染环境的排放量逐年减少，据此丹麦形成了能源生产与环境保护相协调的有效发展模式，可再生能源的发展之路也随之越走越宽。

借着优越的地理条件，丹麦一直以来都是可再生能源充裕的国家，其对各种可再生能源的开发利用值得世界其他各国学习：风力开发方面，丹麦是世界上最早开发风力发电的国家，在风能利用方面，也一直处在世界领先地位，并且在其政府的支持下较早地根据本国优势提出相应的政策，使得其风能的经济效益大幅提高，甚至可达到高效率煤电相当的水平；除了风力，丹麦也是较早利用生物质能与太阳能的国家，随着《联合国气候变化框架公约》和《京都议定书》的颁布，丹麦进一步加大了生物质能以及其他各类可再生能源的开发和利用，目前丹麦的秸秆发电技术已经走向世界，并且被联合国列为重点推广对象；就太阳能利用而言，丹麦克服其气候条件的不利因素，将太阳能发电用于居民家用热水与空间加热站，这也是丹麦可再生能源结构布局方面值得借鉴的地方。

2.1.3　美国

美国作为经济发展大国，其任何发展都受到世界的关注。一直以来，可再生能源发展的支持者都认为可再生能源对于可持续发展以及美国的经济繁荣有着重要的推动作用，并且还能缓解环境压力。另外，美国政府也相当重视可再生能源的发展利用，已经形成有关可再生能源发展的一揽子政策：具有约束性的管理政策，税收减免、补贴等激励政策，各类政策相互扶持、相辅相成；可再生能源发展的战略规划、法律法规的完整，政策体系的健全以及相应实施力进一步加强，这些都给世界各国起到了良好的带头作用。

2.2　可再生能源替代的相关研究

可再生能源的发展和替代不仅受到国外学者的重视，现在国内很多学者也将研究重心转移到可再生能源替代发展的领域。

2.2.1　可再生能源替代的相关政策研究

近几年来，很多国家都纷纷出台了可再生能源发展的激励政策，主要有经济、能源、环境三个角度的研究。我国对可再生能源发展的研究也起步较早，早在 1994 年出台《中国 21 世纪议程》时便提出了有关可再生能源的利用与开发，我国关于可再生能源发展的相关法律、政策具体如表 2-1 所示。

表 2-1　　　　　　我国关于可再生能源发展的相关法律、政策

发布时间	名　　称	涉及的内容
1994 年	中国 21 世纪议程—中国 21 世纪人口、环境与发展白皮书	"开发利用可再生能源"作为能源可持续发展的重要组成部分
1995 年	新能源和可再生能源发展纲要	提出可再生能源的发展目标、任务以及相应的政策
1996 年	国民经济和社会发展"九五"计划	加强天然气的开发，积极发展新能源
1997 年	中华人民共和国节约能源法	国家鼓励支持可再生能源发电

续表

发布时间	名　称	涉及的内容
2005 年	关于促进煤炭工业健康发展的若干意见	进一步深化能源体制改革，完善能源宏观调控体系
2006 年	可再生能源发电有关管理规定	明确可再生发电管理中各级政府、监管机构、企业的责任
2006 年	可再生能源发展专项资金管理暂行办法	规定可再生能源的发展专项资金的使用方法和重点扶持对象
2007 年	可再生能源电价附加收入调配暂行方法	对可再生能源电价附加的确认、使用、结算等进行了规定
2007 年	关于印发可再生能源中长期发展规划的通知	提高可再生能源比重，促进能源结构调整
2008 年	能源发展"十一五"规划	加快可再生能源的发展，促进资源节约和环境保护，积极应对全球气候变化
2008 年	可再生能源发展"十一五"规划	指导可再生能源开发利用，引导可再生能源产业发展
2009 年	关于完善风力发电上网电价政策的通知	分资源区制定风电标杆电价
2010 年	关于完善农林生物质发电价格政策的通知	确定农林生物质能发电项目实行标杆上网电价政策，执行统一标杆上网电价
2013 年	能源发展"十二五"规划	积极有序发展水电，安全高效发展核电，加快发展风能、太阳能等可再生能源
2014 年	能源发展战略行动计划（2014—2020 年）	严格控制能源消费过快增长，大力发展可再生能源
2016 年	能源发展"十三五"规划	加快建立清洁低碳、安全高效的现代能源体系
2016 年	可再生能源发展"十三五"规划	促进可再生能源开发利用，加快对化石能源的替代进程
2018 年	关于 2018 年光伏发电有关事项的通知	鼓励各地根据各自实际出台政策支持光伏产业发展
2019 年	关于积极推进风电、光伏发电无补贴平价上网有关工作的通知	鼓励推进风电、光伏发电平价上网试点项目建设
2019 年	关于 2019 年风电、光伏发电项目建设有关事项的通知	研究论证本地区建设风电、光伏发电平价上网项目的条件，优先推进平价上网项目建设
2020 年	关于促进非水可再生能源发电健康发展的若干意见	持续推动陆上风电、光伏电站、工商业分布式光伏价格退坡
2020 年	关于 2020 年风电、光伏发电项目建设有关事项的通知	积极推进风电、光伏平价上网项目建设
2020 年	关于开展燃料电池汽车示范应用的通知	推动形成布局合理、各有侧重、协同推进的燃料电池汽车发展格局
2021 年	国务院关于印发 2030 年前碳达峰行动方案的通知	优化新型基础设施用能结构，探索多样化能源供应，提高非化石能源消费比重
2021 年	国务院关于加快建立健全绿色低碳循环发展经济体系的指导意见	提升可再生能源利用比例，大力推动风电、光伏发电发展

续表

发布时间	名　称	涉及的内容
2021 年	关于推进电力源网荷储一体化和多能互补发展的指导意见	源网荷储一体化和多能互补发展是提升可再生能源开发消纳水平和非化石能源消费比重的必然选择
2021 年	关于因地制宜做好可再生能源供暖工作的通知	鼓励地方对地热能供暖和生物质能清洁供暖等项目积极给予支持
2021 年	国民经济和社会发展第十四个五年规划和2035 年远景目标纲要	加快发展非化石能源，坚持集中式和分布式并举，大力提升风电、光伏发电规模
2021 年	国家能源局综合司关于报送整县（市、区）屋顶分布式光伏开发试点方案的通知	开展整县（市、区）屋顶光伏建设，引导居民绿色能源消费
2021 年	"十四五"可再生能源发展规划	大力推动可再生能源发电开发利用，积极扩大可再生能源非电利用规模
2021 年	"十四五"工业绿色发展规划	加快能源消费低碳化转型，提升清洁能源消费比重
2021 年	贯彻落实碳达峰碳中和目标要求推动数据中心和 5G 等新型基础设施绿色高质量发展实施方案	提升数据中心绿色电能使用水平，促进可再生能源就近消纳
2022 年	"十四五"新型储能发展实施方案	新型储能是推动能源绿色低碳转型的重要装备基础和关键支撑技术
2022 年	"十四五"现代能源体系规划	大力发展非化石能源
2022 年	氢能产业发展中长期规划（2021—2035 年）	氢能是绿色低碳能源，是未来能源产业的重点发展方向
2022 年	关于促进新时代新能源高质量发展的实施方案	创新新能源开发利用模式、加快构建适应新能源占比逐渐提高的新型电力系统
2022 年	财政支持做好碳达峰碳中和工作的意见	支持光伏、风电、生物质能等可再生能源，以及出力平稳的新能源替代化石能源
2022 年	关于促进光伏产业链健康发展有关事项的通知	以沙漠、戈壁、荒漠地区为重点加快建设大型风电、光伏基地

表 2-1 罗列了部分有关可再生能源利用的激励政策，我国可再生能源的发展已经被列为各种科技发展的重点和优先开发项目。

就我国现状而言，目前最成熟有效的可再生能源发电政策是补贴政策。不仅仅向发电企业提供价格补贴，也向可再生能源发电以及技术开发企业提供投资补助。其中价格补贴主要体现在对高于常规能源上网电价部分的费用进行分摊，国家也就此出台了相关政策；投资补助方面主要包括对投资总额的直接补助或者是对发电技术研发以及设备制造的补助。并且我国的可再生能源补助已经覆盖了大部分可再生能源发电项目，基本补偿了由于可再生能源利用所带来的额外成本。

根据我国的发展现状，税收优惠政策也是可再生能源发展方面出台的政策的重要组成部分。一方面，保证利用可再生能源发电企业以及相关设备制造企业获得较大幅度的优惠政策；另一方面，通过税收政策来提高可再生能源产业的竞争力和地位。

目前我国现有政策的主要对象是可再生能源以及相应电力供应者，忽略了对可再生能源的最终端消费者的激励。除了 2005 年上海颁布的《上海市绿色电力认购营销试行办法》，其他各个层面都没有提出相应的政策。这类激励政策的缺失不能较好地刺激鼓励消费者的需求，使得原本可以通过消费方式抵消的费用全部由政府承担，增加了政府的压力，并且绿色营销本来就对可再生能源有较好的宣传能力，所以在今后的研究道路上，我国要更加注重需求侧的激励机制和相关政策的制定。

除此之外，国内外很多学者专家针对我国可再生能源的激励政策也开展了一定的研究。特别是在碳税、能源税和资源税以及化石能源价格方面，对可再生能源的发展和替代进行了较多的研究，并取得了一定的成果。主要侧重于以下几点：①实施碳税、能源税或者提高能源生产效率对经济环境影响效应的研究；②如何在实施碳税的同时尽可能减少对 GDP 产生的负面影响，也即实现碳税的"双重红利"研究；③研究发展可再生能源对减少 CO_2 排放量的影响分析研究；④各种政策减排效果比较研究。而针对征收碳税对整个能源系统的用电结构和消费模式造成何种影响，以及如何提高可再生能源在整个能源结构中的占比及替代问题却鲜有研究和涉及。

2.2.2　可再生能源替代的能源经济效应研究

如何评价可再生能源替代所带来的环境效益，以及相应政策给可再生能源发展带来了多大的影响，不仅仅可以为规划可再生能源下一步的发展提供重要依据，也可以为相关机制和政策的制定者提供较好的选择标准，还可以进一步推动我国整个可再生能源替代的发展，国内外学者对这方面也做了大量研究。

目前主要的研究重点在以下两个方面：一部分学者从定性分析角度来研究可再生能源替代的现状，为我国可再生能源替代提出政策建议。另一部分是可再生能源替代效果的研究，没有把可再生能源替代与政策支持相结合。

可再生能源替代的能源环境效益是一个系统性问题，既要结合国家的相关政策方向，又要兼顾可再生能源替代的其他能源经济环境效应，因此，如何能够确定目前整个可再生能源发展机制评价方式将是以后有关可再生能源替代的环境效益研究的重点。

本 章 小 结

本章在对世界可再生能源替代的研究分析基础上，分析了德国、丹麦、美国等典型发达国家的可再生能源实践现状，从能源转型路径来看，主要发达国家均在 20 世纪 70 年代完成第二次能源转型的前半段，即石油取代煤炭成为主导能源，第二次能源转型的后半段则略有不同，并逐步实现了能源结构的多元化。同时，本章还罗列了近年来我国可再生能源发展的激励政策，我国已提出了推动能源生产和消费革命的能源发展方向，持续增加清洁、绿色能源供应量，不断提升其在能源生产和消费中的比重是能源革命的基础。2020 年和 2030 年非化石能源在一次能源消费中占比 15% 和 20% 的国家目标，既为未来能源转型路径指引方向，也明确了近中期可再生能源发展的任务。近年来，我国风电和光伏发电等可再生能源技术快速进步，产业实力显著提升，市场规模迅速扩大，可再生能源对化石能源呈现出大范围增量替代、区域性存量替代的趋势。可再生能源的持续规模化发展是实现能源供应转型不可或缺的重要途径，也是建设生态文明、实现美丽中国梦的重要组成部分。

第 3 章 CGE 模型构建及数据处理

中国能源环境模型的构建分为五个主要步骤：第一步基础数据说明以及宏微观 SAM 表的建立和配平；第二步根据宏观经济理论和 CGE 模型的相关理论建立基于本章研究目的的 CGE 模型，并罗列出主要方程；第三步对所建立的 CGE 模型进行编程、计算；第四步对本章的 CGE 模型进行简单的灵敏度分析；第五步根据模拟计算结果进行分析。

3.1 CGE 模型在能源领域的应用

3.1.1 CGE 模型的发展

世界上第一个 CGE 模型是 Johansen（1960）提出的挪威可计算一般均衡模型。该模型包括 20 个成本最小化的产业部门和一个效用最大化的家庭部门。

学者对于 CGE 模型的研究一般分为四类：①新古典模型，该类模型主要是在传统的新古典理论基础上构建的 CGE 模型，如世界上第一个 CGE 模型——Johansen 的挪威模型就属于新古典模型。②弹性结构模型，该类模型以新古典理论为基础，在模型变量的一些重要的关系中加入了替代弹性等参数，如 Dervis 的土耳其模型就属于弹性结构模型。③微观结构模型，这类模型通常假定存在市场失灵现象，如存在要素流动的限制等。④宏观结构模型，该类模型通常研究一些宏观变量的平衡问题，如投资与储蓄，出口与进口，以及政府税收与支出等。

从 1990 年初期开始，随着 CGE 求解算法的改进和计算机的普及，软件求解包开始逐渐被开发出来。其中由世界银行开发的 GAMS（general algebraic modeling system）、澳大利亚政策研究中心（CoPS）开发的 GEMPACK 以及由 Rotherford 开发的 MPS-GEA 均是专为求解 CGE 模型的专业软件包。这些软件求解包的出现推动了 CGE 模型的研究，为今后的研究提供了有效的求解方法。

3.1.2　CGE 模型的应用

自 Johansen 于 1960 年建立第一个 CGE 模型，到 20 世纪 90 年代初期，CGE 模型已发展成为一个标准化模型。CGE 模型能够分析政策变量和外生变量所产生的影响，帮助政策制定者通过 CGE 模型了解政策实施后的效果。近二十年来，在世界银行、国际货币基金组织等的推广下，CGE 已经被应用到许多政策问题的分析当中，如贸易自由化和区间贸易、税收政策、收入分配和社会福利效应政策、环境政策、能源政策的分析上，并正逐渐成为应用于政策分析模型的主流。

CGE 模型应用广泛，根据不同的目的，可将 CGE 模型分为贸易政策、财政税收及收入、能源环境方面三类。贸易领域 CGE 模型的典型代表是全球贸易分析项目建立的 GTAP（global trade analysis project）模型和数据库，其中最新版数据库包括了 87 个地区，其中每个地区又包括 57 个部门。在财政税收及收入方面，财政税收制度及税率的变化不但影响财政收支平衡，而且还会影响价格，通过价格把冲击传递到国家的各个部门，因此税收政策经常被政府作为调控经济的一个重要手段。在能源环境方面，很多国家将提高能源的使用技术和发展新能源作为缓解环境压力和气候变化的两种有效的措施。

3.1.3　CGE 模型在可再生能源上的应用

在过去三十年中，能源支撑了中国经济的高速发展。然而，污染和中国化石能源的短缺是中国这个世界上最大消费国和生产国面临的挑战之一。并且，我国承诺在 2030 年非化石能源将占能源构成的 20%。因此借助 CGE 模型研究政策税收、外贸对于新能源的影响以及宏观经济与新能源之间的关系显得尤为重要。

政策对于新能源发展起到导向作用，使得新能源的发展符合国家战略的需要。

税收则是调控经济的一个重要手段，可以通过税收对于新能源进行调控。发展新能源可能会影响经济的发展，先前的研究表明，长期能源战略的制定需要事先分析来评估不同能源路线的技术成本和经济成本。

CGE 在能源互联网中的应用主要有以下几个方面：第一，在计量经济学研究中可再生能源被视为一个整体，和可再生能源的类型（水电、太阳能、风能等）不分化。其次，结合电力技术细节的混合 CGE 模型已被用于分析可再生能源发展对碳排放的影响、碳减排成本或影响总 GDP 增长率等经济指标。然而，可再生能源之间的经济影响并没有深入研究。这可能是可再生能源消费与经济增长之间没有统一的因果关系所导致的（学者之间没有形成共识性的结论）。因此，以往的研究并未给出一个深入的评估长期和大规模可再生能源发展对经济的影响的方法，尤其是在部门和可再生能源类型这个层面上。

综上所述，虽然前人在政策税收、外贸对于新能源的影响以及宏观经济与新能源之间的关系的研究已较为广泛，但仍有许多值得研究的方面。例如，大规模的使用新能源是否会对宏观经济产生冲击；碳税与新能源发展之间的关系；税收和补贴对于新能源战略的影响等。

3.2　SAM 表及数据处理

3.2.1　数据来源

基本数据来自 2007 年的中国投入产出表，关税数据来自《中国财政年鉴2008》，但是目前还没有细分部门的关税数据，根据进口数据和名义关税税率计算各部门的关税比例，然后再将总关税按照部门分解。而城乡居民收入、政府储蓄、企业对居民的转移支付等则根据 2008 年的《中国财政年鉴》数据进行计算。能源数据大都取自国家统计局、《中国能源统计年鉴》等。对于变量的处理，政府储蓄作为外生变量，汇率内生；征收的碳税外生，碳税税率和企业所得税税率作为内生变量；国外在中国的投资储蓄作为外生变量，以反映中国的资本控制政策；最后，采用新古典主义假设，总投资等于总储蓄。

3.2.2　社会核算矩阵

社会核算矩阵表（social accounting matrix，SAM）表是 CGE 模型主要的数据基础，分为宏观 SAM 表和微观 SAM 表。本章先建立宏观 SAM 表，在宏观 SAM 表的基础上建立微观 SAM 表，微观 SAM 表由 2007 年的中国投入产出表经过对 42 个部门的合并和细分计算而得。根据研究目的、研究内容、各部门间的内部经济关联性以及这些部门与研究目的的内部关联性，把 2007 年的中国投入产出表合并细分为以下几个部门：农业、煤炭、石油、金属冶炼、化工产品、轻工业、制造业、风电和太阳能发电、水电、核电、火电、交通运输业、服务业等 11 个部门，为了更好地研究可再生能源替代问题，把电力部门按照 2007 年的发电比例细分为风电和太阳能发电、水电、核电、火电，而为了更好地研究化石能源价格问题，把煤炭单独作为一个部门，把石油和天然气合并为一个整体的石油部门。其中宏观 SAM 表的经济主体分为城镇居民、城乡居民、企业、政府、国外部门、储蓄和投资，用最大熵法配平后见表 3-1。

表 3-1　　　　　　　　　　　宏观 SAM 表　　　　　　　　　　单位（亿元）

活动	商品	要素		机构			资本		世界其他地区
		劳动	资本	居民	企业	政府	资本	存货	
活动		552815.15	110047.3	117477.79			38518.72		
商品	723317.97					7585.98			66434.58
劳动				110047.3					
资本				8979.6	110121.49				−1623.3
居民		96552.62				3185.58	57213.4		
企业				27695.71		8779.25	73646.53		
政府		35190.92		7276.13			15466.04		123.82
资本		105435.86						7343.97	
存货		7343.97							
世界其他地区	95540.99			2952.86		−12.62	−33546.13		
合计	818858.96	797338.52	110047.3	117477.79	156951.6	110121.49	58056.91	110779.84	7343.97	64935.1

3.3　CGE 模型的建立

为了分析碳税政策和价格政策对可再生能源替代的影响，本章建立一个多部门、自下而上的、能源—经济—环境世界银行型模型，在传统 CGE 模型的基础上，加入了能源经济模块，模型共分为 5 个模块，分别为生产模块、贸易模块、经济主体模块、能源环境模块、宏观闭合条件模块。

（1）生产模块。生产模块根据生产成本最小化的原则，把各种可再生能源作为生产要素和初始投入，利用能源、资本和劳动之间的不完全替代性，建立多层嵌套的常替代弹性函数（constant elasticity of substitution，CES），聚合为劳动—资本—能源束的基本要素增加值。而非能源产品之间不具有代替性，中间投入总量利用标准的里昂惕夫（Leontief）生产函数聚合。最高层的总产出则是由基本要素增加值和中间投入产品聚合的 CES 函数，见式（3-1）。生产活动的最优要素投入组合（生产成本最小化）见式（3-2），是增加值和中间投入总值的相对价格的函数，也即 CES 函数的一阶条件。生产活动的总价值则是增加值和中间投入的价值之和，即

$$QA_a = \alpha_a^a \cdot (\delta_a^a \cdot QVA_a^{-\rho_a^a} + (1-\delta_a^a) \cdot QIA_a^{-\rho_a^a})^{-\frac{1}{\rho_a^a}} \tag{3-1}$$

$$\frac{QVA_a}{QIA_a} = \left(\frac{PIA_a}{PVA_a} \cdot \frac{\delta_a^a}{1-\delta_a^a} \right)^{\frac{1}{1+\rho_a^a}} \tag{3-2}$$

$$PA_a \cdot (1-ta_a) \cdot QA_a = PVA_a \cdot QVA_a + PIA_a \cdot QIA_a \tag{3-3}$$

式中　QA_a ——生产活动总产出；

　　　QVA_a ——基本要素增加值；

　　　QIA_a ——中间投入总量；

　　　PA_a ——各部门生产活动价格；

　　　PVA_a ——增加值投入价格；

　　　QIA_a ——中间投入价格；

　　　ta_a ——生产税税率；

　　　α_a ——生产活动总产出 CES 函数的技术参数；

　　　δ_a ——生产活动总产出 CES 函数的份额参数；

　　　ta_a ——生产活动总产出 CES 函数的指数参数。

里昂惕夫函数见式（3-4）、式（3-5），表示商品的中间投入价格和中间投入量。

$$PIA_a = \sum_c ica_{a,c} \cdot PQ_c \tag{3-4}$$

$$QI_{c,a} = ica_{c,a} \cdot QIA_a \tag{3-5}$$

式中　$ica_{a,c}$——中间投入价格矩阵，一般用直接消耗矩阵表示，其中能源产品不作为中间投入产品，因此在中间投入矩阵中的元素为 0；

PQ_c——国内市场商品价格；

$QI_{c,a}$——商品 C 在活动 A 中的中间投入量，初始值从微观 SAM 表中获得。

资本—能源是经过多层嵌套的 CES 函数聚合而来，第一层：化石能源是由煤炭和石油两种商品聚合而来，见式（3-6）～式（3-8），可再生能源是由风电和太阳能发电与水电聚合而来，见式（3-9）～式（3-11）；第二层：可再生能源与核电聚合成清洁能源，如式（3-12）～式（3-14）；第三层：清洁能源与火电通过 CES 函数聚合为电力，见式（3-15）～式（3-17）；第四层：电力与化石能源聚合为能源如式（3-18）～式（3-20）；第五层：能源与资本的聚合，详见公式（3-21）～式（3-23）；第六层：能源—资本与劳动力的聚合，形成能源—资本—劳动力，详见公式（3-24）～式（3-26）。

$$QIF_a = \alpha_a^{ecn} \left(\delta_a^{ecn} QIOG_a^{-\rho_a^{ecn}} + (1 - \delta_a^{ecn}) QICO_a^{-\rho_a^{ecn}} \right)^{-\frac{1}{\rho_a^{ecn}}} \tag{3-6}$$

$$\frac{QIOG_a}{QICO_a} = \left(\frac{PQCO_a}{PQOG_a} \cdot \frac{\delta_a^{ecn}}{1 - \delta_a^{ecn}} \right)^{\frac{1}{1+\rho_a^{ecn}}} \tag{3-7}$$

$$PQF_a \cdot QIF_a = PQOG_a \cdot QCON_a + PQCO_a \cdot QICO_a \tag{3-8}$$

式中　QIF_a——化石燃料的聚合总量；

$QIOG_a$——石油产品在活动 A 中投入量；

$QICO_a$——煤炭在活动 A 中投入量；

$PQCO_a$——煤炭价格；

$PQOG_a$——石油价格；

PQF_a——化石燃料聚合价格；

α_a^{ecn}——化石能源聚合的技术参数；

δ_a^{ecn}——化石燃料聚合的份额参数；

ρ_a^{ecn} ——化石燃料聚合的指数参数。

可再生能源聚合的 CES 函数为

$$QREN_a = \alpha_a^{ren}(\delta_a^{ren} QIWS_a^{-\rho_a^{ren}} + (1-\delta_a^{ren})QIHY_a^{-\rho_a^{ren}})^{-\frac{1}{\rho_a^{ren}}} \tag{3-9}$$

$$\frac{QIWS_a}{QIHY_a} = \left(\frac{PQHY_a}{PQWS_a} \cdot \frac{\delta_a^{ecn}}{1-\delta_a^{ecn}}\right)^{\frac{1}{1+\rho_a^{ecn}}} \tag{3-10}$$

$$PREN_a \cdot QREN_a = PQWS_a \cdot QIWS_a + PQHY_a \cdot QIHY_a \tag{3-11}$$

式中 $QREN_a$——活动 A 中可再生能源的聚合总量；

      $QIWS_a$——风电和太阳能发电在活动 A 中投入量；

      $QIHY_a$——水电在活动 A 中投入量；

      $PQHY_a$——水电价格；

      $PQWS_a$——风电和太阳能发电价格；

      $PREN_a$——可再生能源聚合价格；

      α_a^{ren}——可再生能源聚合的技术参数；

      δ_a^{ren}——可再生能源聚合的份额参数；

      ρ_a^{ren}——可再生能源聚合的指数参数。

清洁能源聚合的 CES 函数为

$$QNTH_a = \alpha_a^{nth} \cdot (\delta_a^{nth} \cdot QREN_a^{-\rho_a^{nth}} + (1-\delta_a^{nth}) \cdot QINU_a^{-\rho_a^{nth}})^{-\frac{1}{\rho_a^{nth}}} \tag{3-12}$$

$$\frac{QREN_a}{QINU_a} = \left(\frac{PQNU_a}{PREN_a} \cdot \frac{\delta_a^{nth}}{1-\delta_a^{nth}}\right)^{\frac{1}{1+\rho_a^{nth}}} \tag{3-13}$$

$$PNTH_a \cdot QNTH_a = PREN_a \cdot QREN_a + PQNU_a \cdot QINU_a \tag{3-14}$$

式中 $QNTH_a$——活动 A 中清洁能源的聚合总量；

      $QINU_a$——核电在活动 A 中投入量；

      $PQNU_a$——核电价格；

      $PNTH_a$——清洁能源聚合价格；

      α_a^{nth}——清洁能源聚合的技术参数；

      δ_a^{nth}——清洁能源聚合的份额参数；

ρ^{nth}——清洁能源聚合的指数参数。

电力部门聚合的 CES 函数为

$$QEC_a = \alpha_a^{\mathrm{ec}} \cdot (\delta_a^{\mathrm{ec}} \cdot QTH_a^{-\rho_a^{\mathrm{ec}}} + (1 - \delta_a^{\mathrm{ec}}) \cdot QNTH_a^{-\rho_a^{\mathrm{ec}}})^{-\frac{1}{\rho_a^{\mathrm{ec}}}} \qquad (3-15)$$

$$\frac{QTH_a}{QNTH_a} = \left(\frac{PNTH}{PTH_a} \cdot \frac{\delta_a^{\mathrm{ec}}}{1 - \delta_a^{\mathrm{ec}}} \right)^{\frac{1}{1 + \rho_a^{\mathrm{ec}}}} \qquad (3-16)$$

$$PEC_a \cdot QEC_a = PTH_a \cdot QTH_a + PNTH_a \cdot QNTH_a \qquad (3-17)$$

式中　QEC_a——活动 A 中电力的聚合总量；

$\quad\quad QTH_a$——火电在活动 A 中投入量；

$\quad\quad PTH_a$——火电价格；

$\quad\quad PEC_a$——电力聚合价格；

$\quad\quad \alpha_a^{\mathrm{ec}}$——电力聚合的技术参数；

$\quad\quad \delta_a^{\mathrm{ec}}$——电力聚合的份额参数；

$\quad\quad \rho_a^{\mathrm{ec}}$——电力聚合的指数参数。

能源聚合的 CES 函数为

$$QEE_a = \alpha_a^{\mathrm{ee}} \cdot (\delta_a^{\mathrm{ee}} \cdot QIF_a^{-\rho_a^{\mathrm{ee}}} + (1 - \delta_a^{\mathrm{ee}}) \cdot QEC_a^{-\rho_a^{\mathrm{ee}}})^{-\frac{1}{\rho_a^{\mathrm{ee}}}} \qquad (3-18)$$

$$\frac{QIF_a}{QEC_a} = \left(\frac{PEC_a}{PIF_a} \cdot \frac{\delta_a^{\mathrm{ee}}}{1 - \delta_a^{\mathrm{ee}}} \right)^{\frac{1}{1 + \rho_a^{\mathrm{ee}}}} \qquad (3-19)$$

$$PEE_a \cdot QEE_a = PIF_a \cdot QIF_a + PEC_a \cdot QEC_a \qquad (3-20)$$

式中　QEE_a——活动 A 中能源的聚合总量；

$\quad\quad PEE_a$——能源聚合价格；

$\quad\quad \alpha_a^{\mathrm{ee}}$——能源聚合的技术参数；

$\quad\quad \delta_a^{\mathrm{ee}}$——能源聚合的份额参数；

$\quad\quad \rho_a^{\mathrm{ee}}$——能源聚合的指数参数。

资本—能源聚合的 CES 函数为

$$QKE_a = \alpha_a^{\mathrm{ke}} (\delta_a^{\mathrm{ke}} QF_{k,a}^{-\rho_a^{\mathrm{kc}}} + (1 - \delta_a^{\mathrm{ke}}) QEE_a^{-\rho_a^{\mathrm{kc}}})^{-\frac{1}{\rho_a^{\mathrm{ke}}}} \qquad (3-21)$$

$$\frac{QF_{k,a}}{QEE_a} = \left(\frac{PEE_a}{WF_f \cdot wfdt} \cdot \frac{\delta_a^{ke}}{1-\delta_a^{ke}} \right)^{\frac{1}{1+\rho_a^{ke}}} \quad (3\text{-}22)$$

$$PKE_a \cdot QKE_a = PEE_a \cdot QEE_a + WF_{k,a} \cdot QF_{k,a} \quad (3\text{-}23)$$

式中　　QKE_a——活动 A 中能源—资本的聚合总量；

　　　　$QF_{k,a}$——资本在活动 A 中投入量；

　　　　WF_f——资本价格；

　　　　$wfdt$——资本扭曲系数；

　　　　PKE_a——能源—资本聚合价格；

　　　　α_a^{ke}——能源—资本聚合的技术参数；

　　　　δ_a^{ke}——能源—资本聚合的份额参数；

　　　　ρ_a^{ke}——能源—资本聚合的指数参数。

基本要素增加值聚合的 CES 函数为

$$QVA_a = \alpha_a^v (\delta_a^v QKE_a^{-\rho_a^v} + (1-\delta_a^v) QL_a^{-\rho_a^v})^{-\frac{1}{\rho_a^v}} \quad (3\text{-}24)$$

$$\frac{QKE_a}{QL_a} = \left(\frac{WL_a}{PKE_a} \cdot \frac{\delta_a^v}{1-\delta_a^v} \right)^{\frac{1}{1+\rho_a^v}} \quad (3\text{-}25)$$

$$PVA_a \cdot QVA_a = PKE_a \cdot QKE_a + WL_a \cdot QL_a \quad (3\text{-}26)$$

式中　　QVA_a——活动 A 中基本要素增加值的聚合总量；

　　　　QL_a——劳动在活动 A 中投入量；

　　　　WL_a——劳动价格；

　　　　PVA_a——基本要素增加值聚合价格；

　　　　α_a^v——基本要素增加值聚合的技术参数；

　　　　δ_a^v——基本要素增加值聚合的份额参数；

　　　　ρ_a^v——基本要素增加值聚合的指数参数。

生产模块结构如图 3-1 所示。

（2）能源经济模块。加入能源经济模块以便更好地模拟碳税政策及化石能源价格变化政策对我国可再生能源替代的影响。本节主要包括实施碳税时的 CGE 模型、化石能源变化时的 CGE 模型和 CO_2 排放量的 CGE 模型，这些模型在第四章、

第五章将会详细说明，这里不做赘述。

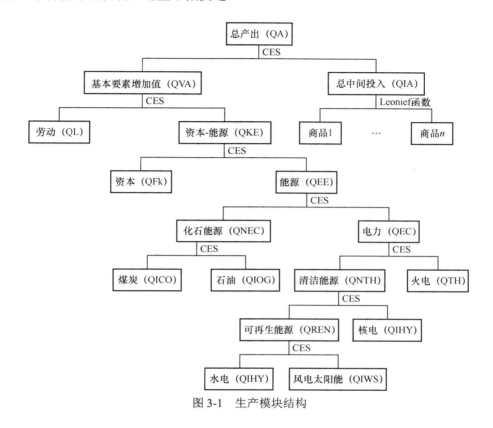

图 3-1 生产模块结构

（3）贸易模块和经济主体模块。市场商品的供应来自国内生产商品和国际进口，而国内产品和国外产品存在一定的不完全替代性，采用阿明顿假设，用 CES 函数表示。我国为典型的发展中国家，通常采用"小国假设"在此假设下则其进口价格外生，由世界价格决定。国内生产商品供应国内需求和国际出口，用 CET（constant elasticity of transformation function）函数表示。市场商品的需求来自四个经济主体，分别为政府、居民、企业和国外，各经济主体的主要收入分别从各自的劳动（如居民）、资本（如企业）、税收（政府）中获得。他们的一部分收入用来消费各种商品和服务，从而构成最终的需求。其循环关系如图 3-2 所示，详见式（3-27）～式（3-43）。

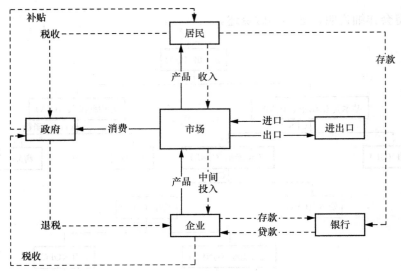

图 3-2 各经济主体间循环联系图

进口商品价格为

$$PM_c = pwm_c \cdot (1 + tm_c) \cdot exr \qquad (3\text{-}27)$$

式中 PM_c——商品 C 的进口价格；

pwm_c——进口商品 C 的世界价格；

tm_c——商品 C 的进口关税税率；

exr——汇率。

出口商品价格为

$$PE_a = pwe_a \cdot (1 - te_a) \cdot exr \qquad (3\text{-}28)$$

式中 PE_a——商品 C 的出口价格；其中 PE_a、pwe_a、te_a 是由 PE_c、pwe_c、te_c 通过
单位矩阵转换而来；

pwe_a——出口商品 C 的世界价格；

te_a——商品 C 的出口关税税率。

国内总产出为

$$PA_a \cdot QA_a = PDA_a \cdot QDA_a + PE_a \cdot QE_a \qquad (3\text{-}29)$$

式中 PDA_a——商品 C 的国内生产价格；其中，PDA_a、QDA_a、QE_a 和 PDC_c、QDC_c、
QE_c 通过单位矩阵转换；

QDA_a——商品 C 国内生产量；

QE_a——商品 C 的出口数量。

国内商品的内销和出口分配，CET 函数为

$$QA_a = \alpha_a^t \cdot (\delta_a^t \cdot QE_a^{-\rho_a^t} + (1-\delta_a^t) \cdot QDA_a^{-\rho_a^t})^{-\frac{1}{\rho_a^t}} \tag{3-30}$$

$$\frac{QE_a}{QDA_a} = \left(\frac{PE_a}{PDA_a} \cdot \frac{1-\delta_a^t}{\delta_a^t} \right)^{\frac{1}{1+\rho_a^t}} \tag{3-31}$$

式中　α_a^t——CET 函数的技术参数；

δ_a^t——CET 函数的份额参数；

ρ_a^t——CET 函数的指数参数。

商品的总吸收为

$$PQ_c \cdot QQ_c = PDC_c \cdot QDC_c + PM_c \cdot QM_c \tag{3-32}$$

式中　PQ_c——商品 C 的国内市场价格；

QQ_c——商品 C 的国内市场总产出；

QM_c——商品 C 的进口量。

商品的国内市场需求，包括国内生产和进口，Armington 方程为

$$QQ_c = \alpha_c^q (\delta_c^q \cdot QM_c^{-\rho_c^q} + (1-\delta_c^q) \cdot QDC_c^{-\rho_c^q})^{-\frac{1}{\rho_c^q}} \tag{3-33}$$

$$\frac{QM_c}{QDC_c} = \left(\frac{PDC_c}{PM_c} \cdot \frac{\delta_c^q}{1-\delta_c^q} \right)^{\frac{1}{1+\rho_c^q}} \tag{3-34}$$

式中　α_c^q——阿明顿方程的技术参数；

δ_c^q——阿明顿方程的份额参数；

ρ_c^q——阿明顿方程的指数参数。

要素总收入为

$$YF_f = \sum_a WF_f \cdot wfdt_{f,a} \cdot Qf_a \tag{3-35}$$

式中　YF_f——要素 f 的总收入。

国内经济主体的收入分配为

$$YIF_{i,f} = shif_{i,f} \cdot ((1-dr_f) \cdot YF_f - trnsfr_{row,f}) \tag{3-36}$$

式中　$YIF_{i,f}$——国内经济主体 i 的要素 f 中的收入；

　　$shif_{i,f}$——国内经济主体 i 的要素分配比例；

　　df_f——要素 f 的要素增值税；

$trnsfr_{row',f}$——要素 f 对国外的转移支付。

国内非政府机构的收入为

$$YI_i = \sum_f YIF_{i,f} + \sum_j TRII_{i,f} + trnsfr_{i,'gov'} \cdot CPI + trnsfr_{i,'row'} \cdot exr \tag{3-37}$$

式中　YI_i——非政府经济主体 i 的收入；

　　$TRII_{i,f}$——经济主体 i 对 j 的转移支付；

$trnsfr_{i,'gov'}$——政府对国内经济主体 i 的转移支付。

非政府间的转移支付额为

$$TRII_{i,f} = shii_{i,f} \cdot (1 - mps_j) \cdot (1 - ty_j) \cdot YI_j \tag{3-38}$$

式中　$shii_{i,f}$——经济主体 i 对 j 的转移支付率；

　　mps_j——经济主体 j 的储蓄率；

　　ty_j——经济主体 j 的所得税。

家庭消费支出总额为

$$EH_h = (1 - mps_h) \cdot (1 - ty_h) \cdot YI_h \tag{3-39}$$

式中　EH_h——居民支出总额；

　　mps_h——居民 h 的储蓄率；

　　ty_h——居民 h 的个人所得税。

家庭消费为

$$PQ_c \cdot QH_c = PQ_c \cdot \gamma_{c,h} + \beta_{c,h} \cdot (EH_h - \sum_c PQ_c \cdot \gamma_{c,h}) \tag{3-40}$$

式中　QH_c——居民对商品 C 的消费量；

　　$\gamma_{c,h}$——居民的基本生存需求商品量；

　　$\beta_{c,h}$——居民的边际消费倾向。

家庭福利为

$$EV = \sum_c PQ_c \cdot QH_c - \sum_c PQ_c \cdot QH0_c \tag{3-41}$$

政府总收入为

$$YG = \sum_i ty_i \cdot YI_i + \sum_a ta_a \cdot PA_a \cdot QA_a + \sum_c tm_c \cdot pwm_c \cdot QM_c \cdot EXR +$$
$$\sum_f YIF_{'gov',f} + trnsfr_{'gov','row'} \cdot EXR \tag{3-42}$$

式中　YG——政府总收入。

政府总支出为

$$EG = \sum_c PQ_c \cdot QG_c + \sum_i trnsfr_{i,'gov'} \cdot CPI \tag{3-43}$$

式中　EG——政府总支出；

　　QG_c——政府对商品 C 的消费量。

（4）宏观闭合模块。均衡模块包括要素市场均衡、商品市场均衡；闭合模块包括储蓄—投资平衡、政府收支平衡、国际收支平衡。详见式（3-44）～式（3-48）。

要素市场平衡为

$$\sum_a QF_{f,a} = QFS_f \tag{3-44}$$

式中　QFS_f——要素的市场总供给。

商品市场平衡为

$$QQ_c = \sum_a QI_{c,a} + QH_c + QG_c + QINV_c + qsdt_c \tag{3-45}$$

式中　$QINV_c$——商品 C 的投资量；

　　$qsdt_c$——商品 C 的存货。

国际收支平衡为

$$\sum_c pwm_c \cdot QM_c + \sum_i trnsfr_{row',i} = \sum_a pwe_a \cdot QE_a + \sum_i trnsfr_{i,'row'} + FSAV \tag{3-46}$$

式中　$FSAV$——国外储蓄。

政府收支平衡为

$$YG = EG + GSAV \tag{3-47}$$

式中　$GSAV$——政府储蓄。

储蓄投资平衡为

$$\sum_{i} mps_i \cdot (1 - ty_i) \cdot YI_i + \sum_{f} dr_f \cdot YF_f + GSAV + FSAV \cdot exr =$$
$$\sum_{c} PQ_c \cdot QINV_c + \sum_{c} PQ_c \cdot qdst_c + walras$$

(3-48)

式中　*walras*——储蓄投资平衡的虚变量，以保证变量数与方程数相等。理论上
walras 变量等于 0，实际仿真过程中，*walras* 变量接近 0 即可。

3.4　灵 敏 度 分 析

由于各弹性系数根据往年的经验值选取，因此验证弹性系数的敏感度是 CGE
模型模拟求解中重要的一部分。本章包含多个弹性系数，这里仅对几个重要的弹
性系数的敏感度通过增大和减小来模拟对运行结果的影响分析。这里挑选的弹性
系数包括资本与能源间的弹性系数 σ_a^{ke}、化石能源和电力之间的弹性系数 σ_a^{ee}、清
洁能源与火电之间的弹性系数 σ_a^{ec}、阿明顿函数的弹性系数 σ_a^{q}，分别设置增大 20%
和减小 20% 的变化区间，在此区间内随机变动弹性系数，来检验对模拟结果的影响。
经过分析发现，当这几个弹性系数在区间内随机变动时，各个结果变化不大，说
明了模型的稳健性。因此，当参数在合理区间内的变动并不会显著影响模拟结果。

本 章 小 结

本章对所建立的 CGE 模型的主要方程进行了罗列，鉴于 CGE 模型与经济学
原理之间的紧密联系，本章尽可能地对 CGE 模型进行详尽的表述，有关政策分析
中模型具体如何变化的讨论则在第五章和第六章中相继给出。

需要指出的是，影响可再生能源替代的因素有很多，本书通过建立 CGE 模型
只选择了化石能源价格和碳税政策两个因素来分析对可再生能源替代的能源经济
环境效应，具体分析将在第四章和第五章详细给出。

第4章 碳税政策对可再生能源替代的能源环境效应影响

我国的能源结构以煤炭为主，石油为辅。仅以 2013 年为例，在我国的一次能源结构中煤炭的消费占比将近 66%，加之我国工业化、城市化进程不断加快，我国化石能源日益短缺，环境不断恶化，CO_2 排放量持续增加，致使我国雾霾天气频繁发生，温室效应尤为严重。自 2007 年以来，我国 CO_2 的排放总量居世界第一，2009 年我国政府第一次以约束性指标的方式宣布，到 2020 年我国单位 GDP 的 CO_2 排放量将较 2005 年下降 40%~45%。为此，我国政府积极推进绿色低碳、节能减排的清洁型能源结构的建设。在清洁型能源结构的建设进程中，将可再生能源整合到整个能源结构中、不断提高可再生能源在能源结构中的占比成为重中之重，而碳税政策的实施日益成为鼓励可再生能源的发展、抑制化石能源的过度开发利用、减少 CO_2 排放量、优化能源结构重要举措。然而，对高污染高排放部门征收碳税势必会对各种能源的消费量和消费成本造成很大影响，从而影响我国的能源消费结构。但是，征收碳税在实现节能减排的同时，对我国的能源结构及可再生能源替代有何种影响？能否提高可再生能源在整个能源结构中的占比？借助 CGE 模型，根据整个宏观系统各个模块的传导关系，可以研究实施碳税对可再生能源的消费和生产总量产生的影响，以及实施碳税对我国可再生能源替代的影响。

4.1 碳税设计说明

碳税是针对化石燃料在燃烧过程中产生的 CO_2 排放量所引起的外部经济问题

而征收的排污税，按照 PPP（polluter-pays principle）原则，根据污染造成的危害对排污者征收排污税，将环境污染成本转嫁到产品价格中，以此弥补环境污染的社会成本，即庇古税（Pigovian tax）。从纳税主体角度，目前有两种征税模式：一种是对生产能源部门按照能源生产产量来征收碳税，但是由于市场的不完善性，很难将价格信号传递给下游消费者，从而导致碳税的刺激作用有所削弱；另一种是对能源消费使用部门征收碳税，有利于增强能源消费者的节能减排意识，国外的大多数国家选择在能源消费环节征收碳税。从计税依据角度，分为从量计税和从价计税。从量计税，所征收的碳税是按照能源生产产量（能源消费量）乘以碳税税率来计算，税额固定，易于计量，但是难以根据市场的价格波动情况做出及时调整。从价计税，征收碳税税值为能源生产量（能源消费量）乘以价格后得到能源产值（能源消费值），能源产值再乘以碳税税率，因此本节采用从价计税方式，在化石能源使用和消费环节征收碳税。

目前，国际各国所征收的能源税差别很大，因此隐含的碳税税率也各不相同。虽然各国实施碳税的主要目的在于提供一种节能减排的激励机制，但在实施过程中还存在其他目的，如基于激励的目的或基于财政目的，因此，根据各国国情的不同，其设定的碳税税率众多纷杂，各不相同，并无固定方法和模式。本节研究征收碳税是以 CO_2 减排为主要目的，而非增加政府收入，为了实现这一目的，促进可再生能源发展、将其整合到整个能源结构中并且提高可再生能源在能源结构中的占比已经成为节能减排的重要举措。因此，本节重在研究实施碳税对可再生能源在能源结构中占比有何影响，进而实现节能减排的目的。

这里对能源部门和高耗能部门征收碳税，同时为了尽可能减少对经济和社会所产生的负面影响，在征收碳税的同时，加之相应的税制改革，将碳税收入用于弥补居民或企业的福利损失，政府保持收入中性。即政府利用征收碳税政策的主要目的是进行节能减排和尽可能降低因此给经济和社会带来的负面影响，而非增加政府收入。有研究中比较了以下两种情景：从价征收碳税同时税收全部用于返还给居民，和从价征收碳税同时降低企业所得税税率，通过比较来看，减征企业所得税的方式能够实现碳税的"双重红利"。

因此，这里将所征得碳税收入返还企业，以碳税收入削减企业所得税税率，从而保证企业福利中性，减少征收碳税对经济的负面影响。为此，本章在应用 CGE 模型进行政策模拟中，并非按照传统的计算方法把碳税税率和企业所得税税率外生化，而是将碳税收入分别按照所占基期 GDP 的 0.1%，0.2%，0.3%，…，0.9% 比例进行外生化，碳税税率和企业所得税税率内生化，并利用 GAMS 软件对 CGE 模型进行模拟计算，从而更好地分析征收碳税对宏观经济、企业投资、社会福利等各方面的影响，而本章着重介绍征收碳税对可再生能源在能源结构中占比的影响，其他影响暂不涉及。具体的碳税设计如以下方程所示。

基期 GDP 计算公式为

$$GDP = \sum_c PQ_c \cdot (QH_c + QG_c + QINV_c + QDST_c) + \sum_a PE_a \cdot QE_a - \sum_c pwm_c \cdot exr \cdot QM_c \tag{4-1}$$

式中　　GDP——基期国内生产总值；

　　　　c——商品集合；

　　　　a——活动集合；

　　　　PQ_c——国内消费价格；

　　　　QH_c——居民消费量；

　　　　QG_c——政府消费量；

　　　$QINV_c$——投资量；

　　　$QDST_c$——库存；

　　　　PE_a——出口价格；

　　　　QE_c——出口量；

　　　　pwm_c——进口的世界价格；

　　　　exr——汇率；

　　　　QM_c——进口商品数量。

碳税收入按所占基期 GDP 比例外生化，见式（4-2）

$$CTAX = k \cdot GDP, k = 0, 0.1\%, 0.2\%, \cdots, 0.9\% \tag{4-2}$$

式中　　$CTAX$——征收的碳税；

　　　　k——所占 GDP 比例。

在化石能源消费使用环节从价征收碳税，见式（4-3）

$$CTAX = \sum_a tcx \cdot PQCO_a \cdot QICO_a + \sum_a 0.202 \cdot tcx \cdot PQOG_a \cdot QIOG_a \qquad (4\text{-}3)$$

式中　$QICO_a$——各部门的煤炭消费量；

　　　$PQCO_a$——煤炭价格；

　　　$QIOG_a$——各部门石油的消费量；

　　　$PQOG_a$——石油价格；

　　　tcx——所征收的碳税税率。

基期对各种化石燃料从价征收的碳税税率计算公式为

$$tcx_i^0 = \frac{CTAX_i^0}{PQ_i^0 \cdot QQ_i^0} \qquad (4\text{-}4)$$

式中　i——化石能源集合；

　　　tcx^0——基期对各化石燃料所征收的碳税税率；

$CTAX^0$——基期对各化石燃料的征收的碳税；

　　PQ^0——基期各化石燃料的价格；

　　QQ^0——基期各化石燃料的消费量。

这里需要指出的是基期的煤炭和石油所征收碳税税率的关系。根据 2007 年的社会矩阵核算表（SAM 表）和 2007 年的能源平衡表，若对每吨标准煤征收 1 元碳税，则相当于对煤炭征收的碳税为 0.7143 元/t，对原油征收的碳税为 1.4286 元/t，对天然气征收的碳税是 1.33 元/m³。按照 2007 年的价格，根据公式（4-4）计算可得，煤炭的从价碳税税率为 1.948%，原油的从价碳税税率为 0.3563%，天然气的从价碳税税率为 0.6045%，相对于石油部门整体的从价税税率为 0.381%。因此，对石油部门整体征收的碳税税率为对煤炭部门征收碳税税率的 0.202 倍。

政府征收碳税收入返还企业，削减企业所得税税率，其关系如式（4-5）所示。

$$ty_{ent} \cdot YI_{ent} = ty_{ent}^0 \cdot YI_{ent} - CTAX \qquad (4\text{-}5)$$

式中　YI_{ent}——企业收入；

　　　ty_{ent}——企业所得税税率；

　　　ty_{ent}^0——未退碳税前的企业所得税。

根据 CGE 模型的计算结果，碳税收入所占基期 GDP 的比例不同，所得的碳税税率也有所不同，以此所削减的企业所得税税率也随之变化。这里根据计算结果整理得出当碳税收入随 GDP 比例变化时，碳税收入、碳税税率、企业所得税税率之间的对应关系见表 4-1。

表 4-1 碳税占 GDP 比例、碳税税率、企业所得税之间的对应关系 （%）

碳税占 GDP 比例	0	0.1	0.2	0.3	0.4	0.5	0.6	0.7	0.8
tcx	0	2.2	4.5	7.1	9.9	12.9	16.4	20.3	24.7
ty_{ent}	9.4	9.1	8.9	8.6	8.4	8.1	7.8	7.6	7.3

由表 4-1 可知，碳税收入所占 GDP 的比例和碳税税率之间存在密切的对应关系，碳税收入占比变化，反映了碳税税率的调整，因此本节按照碳税收入在基期 GDP 中所占的比例将采用征收碳税外生化的设计方法，与传统的将碳税税率外生化的设计方法异曲同工。

4.2 实施碳税对可再生能源替代的影响分析

本章利用 GAMS 软件对 CGE 模型进行编程，GAMS 软件最早是由美国世界银行的 Meeraus 和 Brooke 所开发，具有语言简单、可解大型复杂模型等优点，这里利用 MCP 算法对所建模型进行仿真，并得出结果。这里从两个角度分析模拟了碳税收入占基期 GDP 的比例从 0.1%，0.2%，⋯，0.9%变化的 9 种情景，分别命名为情景 I，情景 II，⋯，情景 IX，不征收碳税时为基本情景，在保持政府收入中性和企业福利中性的同时，分析了不同的碳税水平对可再生能源以及清洁能源在整个能源结构中占比变化的影响。这里分三个角度分析碳税政策对可再生能源替代的能源环境影响：第一，从生产的角度通过可再生能源及清洁能源的国内生产总量和国内生产价格的变化分析能源结构的变化；第二，从消费的角度分析可再生能源及清洁能源的总消费量变化以及各个行业的国内消费数量在能源结构中占比的变化；第三，从环境的角度分析 CO_2 排放量的变化。

4.2.1 实施碳税对能源结构的影响分析

实施碳税后，企业的能源成本是关于能源初始投入价格、额外的排放成本以及能源效率提高，其函数为

$$能源成本=\frac{能源初始投入价格+额外的碳排放成本}{能源效率提高} \tag{4-6}$$

因此，实施碳税后在能源效率不变的情况下国内生产产品的综合价格有两种变化趋势：一种是由于高耗能高排放量，能源成本提高，导致其价格提高；另外一种则是由于低排放或者零排放成本，加之额外的政府奖励补贴，其能源成本维持不变甚至减少，致使其综合价格不变或者降低。

为了便于直观地分析碳税征收比例的大小对国内生产商品价格和国内生产总量的影响程度，这里选取三种情景来进行分析，分别是征收碳税占 GDP 比例的 0.1%、0.4% 和 0.8%，即情景 I、情景 IV、情景 VIII。结合表 4-2 和图 4-1 显示的数据和价格变化趋势来看，对于高耗能部门，如煤炭、化工产品、制造业和火力发电部门，其国内生产商品价格都随着征收碳税比例的提高而明显上升，特别是火力发电的综合成本，由于其在能源初始投入中，对煤炭的消费量约占煤炭总量的 36%，因此，每增加 0.1 单位比例的碳税，其价格则上涨约 0.3 个百分点，能源成本最高、国内生产商品价格增幅最大。而除火力发电以外的其他可再生能源价格基本保持不变，只有当碳税收入增加到一定程度后，由于火力发电的成本急剧增大，使得可再生能源的产量会有所增加，价格会也有小幅下滑。

表 4-2　各部门国内生产商品消费价格和商品总产量随碳税的变化情况　　（%）

部门＼情景	情景 I		情景 IV		情景 VIII	
	生产商品价格	商品总产量	生产商品价格	商品总产量	生产商品价格	商品总产量
农业	−0.1	−0.087	−0.3	−0.405	−0.7	−1.019
煤炭	0.2	−4.95	0.9	−20.07	2.1	−41.02
石油	0	−0.701	0	−3.257	−0.1	−8.283
金属冶炼	0	−0.04	0.1	−0.187	0.1	−0.474
轻工业	0	−0.093	0	−0.454	−0.2	−1.195
化工产品	0.2	0.0141	0.8	0.052	1.7	0.09
制造业	0	−0.032	0.2	−0.154	0.4	−0.423
风电和太阳能发电	0	0.812	0	3.527	−0.1	8.058
水力发电	0	0.604	0	2.609	−0.1	5.934
核电	0	0.762	0	3.304	−0.1	7.539
火电	0.3	1.171	1.2	5.108	2.5	11.735
建筑业	0	−0.113	0.1	−0.494	0.1	−1.137
服务业	0	−0.123	−0.1	−0.522	−0.3	−1.232

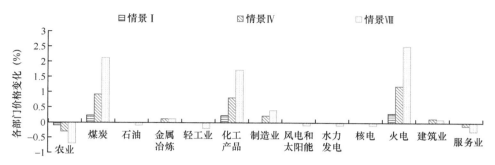

图 4-1 各部门国内生产商品价格随碳税变化

由表 4-2 和图 4-2 可知，随着碳税征收比例的增大，各行业国内商品生产总量中高耗能的行业其产量均有所降低，其中煤炭产品总产量随碳税收入的变化最为敏感，情景 Ⅰ 与基本情景相比总产量降低 4.95%，情景Ⅷ降低 41.02%。石油产品总产量随碳税的增加而降低的趋势也较为明显，但与煤炭产品相比降幅较小，由情景 Ⅰ 降低 0.701%变化到情景Ⅷ降低 8.238%。而可再生能源总产量却有所增加，其中风能和太阳能总发电量由情景 Ⅰ 增加 0.812%的增幅变化到情景Ⅷ增加 8.058%，核电则由 0.762%增加到 7.539%，水电的总发电量变化较为稳定和缓慢，由原来的 0.604%的增幅变化到 5.934%。从可再生能源的变化幅度来看，风电和太阳能发电的变化幅度最大，即碳税政策的实施在降低煤炭和石油生产的同时，能够对风能发电和太阳能发电的生产发挥更大激励的促进作用，对核电的促进作用次之，由于水电资源相对较稳定，所以对水电的影响相对较小。虽然就目前的规模技术参数和能源替代方式来看，火电的总产量增幅相对较大，由情景 Ⅰ 的 1.171%变为情景Ⅷ的 11.735%，但是征收碳税力度加大会导致火电成本迅速上升，加之火电能源价格的提高，在可再生能源成本和价格均保持不变或小幅下滑的情况下，火电的竞争优势会大大下降。因此，从长期的角度看，碳税政策的实施会抑制火电的长期发展。

从国内能源产品总产量及价格的变化来看，随着征收碳税力度的加大，对能源结构的影响程度也在不断加大。随着煤炭和石油总产量的大幅降低及其综合价格大幅度上涨，在生产过程中对初始能源投入需求较为迫切的行业，由于供需不平衡的市场机制和原理，将会减少对煤炭和石油的需求，转而寻找其他可替代的能源产品，电力作为国民经济的基础和替代能源，其需求量将会不断增加。

由图 4-2 可知，火电、风电和太阳能发电、核电、水电，其总产量随着碳税征收力度的加大均明显增加，从而实现整个能源市场的供需平衡，电力产品代替化石能源产品的过程将会伴随着这种平衡的实现过程而发生。因此，实施碳税，煤炭和石油的总产量下降，电力包括可再生能源、核电、火电的总产量上升，从而改变当前的"以煤炭消费为主、石油消费为辅"能源结构。征收碳税的力度越大，煤炭和石油产品总产量的降低就会越明显，电力产品总产量的增加也会越明显，能源结构的变化也就越明显。

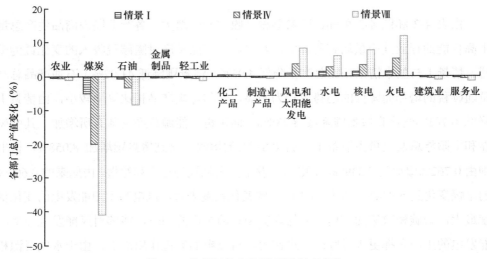

图 4-2　各部门总产值随碳税税率变化

4.2.2　实施碳税对可再生能源占比的影响分析

图 4-3 和表 4-3 分别显示了在不同的碳税收入下，各个能源部门的总消费量变化趋势，包括煤炭部门、石油部门、电力部门中的火力发电部门、清洁能源部门、可再生能源部门随着碳税收入占 GDP 比例的不同的变化趋势。由表 4-3 和图 4-3 可知，煤炭和石油部门对碳税征税相对敏感。随着碳税收入占 GDP 比例的增大，煤炭和石油部门的总消费量随之降低的趋势尤为显著，其中煤炭的总消费量降低趋势最为明显。相反，清洁能源和可再生能源部门随着征收碳税比例的增大，其总消费量呈明显的上升趋势，其中风能和太阳能发电总消费量增速大于核电消费量增速，核电消费量增速

大于水电消费量增速。例如，从情景Ⅰ到情景Ⅸ，煤炭总消费量与基本情景相比，由情景Ⅰ的降低 6.854%变化到情景Ⅸ的降低 47.19%，可再生能源消费总量由 0.674%上升到 7.912%。同样，风电和太阳能发电的消费量则从 0.877%上升到 10.179%，核电和水电的消费量增速也较为显著。然而，由于煤炭和石油在初始能源总投入中所占比例较大，约为 17.09%和 24.4%，煤炭和石油产品消费量的迅速降低使得能源的总消费量也有所降低，由情景Ⅰ的−0.418%变化到情景Ⅸ的−4.306%。

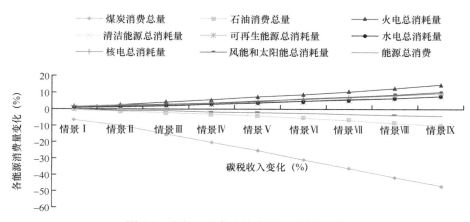

图 4-3　各能源消费量随碳税比例变化趋势

表 4-3				在不同的碳税比例下各能源总消费量变化趋势				（%）
情景 能源	情景Ⅰ	情景Ⅱ	情景Ⅲ	情景Ⅳ	情景Ⅴ	情景Ⅵ	情景Ⅶ	情景Ⅷ	情景Ⅸ
煤炭	−6.854	−10.11	−15.45	−20.40	−25.63	−30.92	−36.27	−41.69	−47.19
石油	−0.701	−1.472	−2.322	−3.098	−4.314	−5.489	−6.816	−8.326	−10.06
火电	1.248	2.566	3.962	5.445	7.025	8.718	10.53	12.509	14.66
清洁能源	0.647	1.411	2.173	2.976	3.829	4.738	5.713	6.766	7.912
可再生能源	0.674	1.380	2.124	2.91	3.743	4.631	5.582	6.611	7.732
水电	0.657	1.347	2.072	2.84	3.706	4.516	5.444	6.445	7.538
核电	0.579	1.69	2.561	3.572	4.601	5.699	6.879	8.153	9.542
风能和太阳能发电	0.877	1.7987	2.713	3.500	4.282	6.075	7.334	8.696	10.179
总计	−0.418	−0.846	−1.285	−1.726	−2.204	−2.690	−3.198	−3.735	−4.306

而随着征收碳税比例的增加，在可再生能源以及清洁能源总消费量不断增加的同时，火电的总消费量也在不断增加，而且火电的增加速度超过了可再生能源和清洁能源的增加速度。如每增加 0.1 个单位比例的碳税，可再生能源的消费量增加 0.7 个百分点，清洁能源消费量增加 0.8 个百分点，火电消费总量约增加 1.3 个百分点。产生这种增加趋势的原因是在工业生产中要利用能源作为初始投入，随着碳税征收比例的提高，煤炭和石油行业的能源成本不断增加，煤炭和石油的消费价格也在不断提高，而其总产量却不断减少，从而增加了各部门对煤炭和石油的使用成本，各行业各部门基于利润最大化的考量，对煤炭和石油的消费量会大幅度下降。各部门为了正常生产，也必然会寻找可代替的、成本较为优化的其他能源，电力最为合适。而就目前国内电力的发电比例和技术规模来看，火力发电量在全国的发电量比例仍为最大。以 2014 年为例，虽然火力发电量首次下降，占全国发电量的比例由 2010 年的 80.76% 下降到 75.2%，可再生能源和清洁能源占全国发电量的比例提高到了 5.6%，但是火力发电仍然是占比最重的电力生产，因此，火力发电量和消费量随碳税比例增加而增加的趋势也是理所当然。

　　由表 4-4 和图 4-4 可知，各类能源随着征收碳税比例的增加，其在能源结构中的消费占比也发生了很大的变化。征收碳税比例的增加导致各部门对煤炭的消费量有明显的降低，也因此导致煤炭的消费量在整个能源结构中所占的比例也明显下降。与基本情景相比，各个部门对煤炭消费量占比则由 15.98% 降为 9.43%，对石油的消费量占比则变化甚微，可再生能源和清洁能源在能源结构中的占比分别由 7.98% 和 8.87% 上升到 8.87% 和 9.89%，火电量的消费占比则由 47.47% 上升到 55.95%。因此，在目前的电力结构和规模技术参数下，实施碳税会很大程度地增加火电消费在能源结构中的占比，可再生能源和清洁能源在能源结构中的占比也会随着碳税征收比例的增加而增加。

表 4-4　　　　　　　　　各类能源消费占比随碳税变化关系　　　　　　　　（%）

能源＼情景	情景 I	情景 II	情景 III	情景 IV	情景 V	情景 VI	情景 VII	情景 VIII	情景 IX
煤炭	15.98	15.49	14.64	13.84	12.99	12.13	11.25	10.35	9.43
石油	27.37	27.27	27.16	27.06	26.85	26.66	26.42	26.14	25.79
火电	47.47	48.3	49.17	50.10	51.10	52.17	53.32	54.57	55.95

续表

能源＼情景	情景 I	情景 II	情景 III	情景 IV	情景 V	情景 VI	情景 VII	情景 VIII	情景 IX
清洁能源	8.865	8.97	9.08	9.19	9.31	9.44	9.58	9.73	9.89
可再生能源	7.98	8.07	8.17	8.27	8.37	8.49	8.61	8.74	8.87
水电	7.39	7.47	7.56	7.65	7.75	7.85	7.96	8.09	8.22
核电	0.89	0.90	0.91	0.93	0.94	0.95	0.97	0.99	1.01
风电和太阳能发电	0.59	0.60	0.61	0.62	0.63	0.64	0.65	0.66	0.67

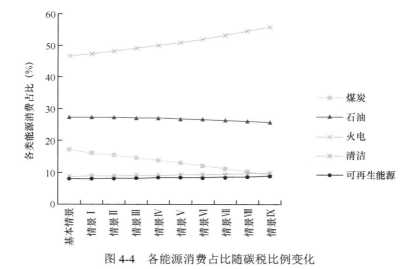

图 4-4　各能源消费占比随碳税比例变化

　　火力发电消费量和消费占比在短期内随着碳税增加而快速增加的趋势对可再生能源和清洁能源的增加趋势产生不利影响。由于火力发电量和消费量的快速增加，使得火力发电在电力消费中的占比迅速增加，进而导致可再生能源占比的增加幅度相对于火力发电的增幅较小，因此，可再生能源的消费占比增加幅度相对于火力发电的增加幅度较不明显。然而，实施碳税不仅增加了火力发电的能源成本，而且大大增加了火力发电的消费价格，因此实施碳税不利于火力发电的长期发展。相反，随着碳税征收力度的加大，可再生能源和清洁能源的能源成本及消费价格相对稳定，总产量不断增加，从而有利于可再生能源和清洁能源的发展。

4.2.3　实施碳税对 CO_2 排放量的影响

随着我国城镇化、工业化进程的不断加快，国际气候谈判的进展和国内减排形势压力的加大，我国的节能减排任务迫在眉睫！而实施碳税是促进节能减排的重要举措，实施碳税不仅可以实现我国可再生能源在能源结构中的渗透，提高可再生能源在能源结构中的占比，实现可再生能源对传统能源的替代，而且对我国国内碳排放也有着一定的影响。这里在能源环境模块中建立了 CO_2 排放量模型，从而研究实施碳税对碳排放的影响。

（1）CO_2 排放系数的确定。由于我国尚未制定符合我国国情的 CO_2 的排放系数，目前国内外对 CO_2 的排放系数的计算有三种方法：一是按联合国政府间气候变化专门委员会（IPCC）编制的《2006 年 IPCC 国家温室气体减排放清单指南》中提供的估算化石燃料燃烧的 CO_2 的排放系数，即根据化石燃料燃烧的数量以及碳排放系数计算。二是按《日本能源经济统计手册》中提供的能源排放系数。三是利用国际能源署的 International Energy Statistics 中的统计数据，通过我国三种化石能源的 CO_2 的排放量与能源实际消费量来计算。

由于本章 SAM 表中的基础数据来自投入产出表，投入产出表中的数据均为实际消费的价值量数据，且能源的实际消费量可以根据 2008 年的能源统计年鉴中直接获得，因此本章利用第三种方法计算 CO_2 的排放系数，数据相对准确有效。CO_2 的排放系数具体计算数据见表 4-5。

表 4-5　　　　　　　　　CO_2 排放系数计算表

部门	CO_2 排放量/百万 t	最终需求量/亿元	CO_2 排放系数/（t/万元）
煤炭	5139.86	9645.56	53.28
石油和天然气	1106.69	30092.86	3.68

注　CO_2 排放量来自 *International Energy Statistics 2008*；最终能源需求量来自微观 SAM 表中煤炭和石油天然气两部门的需求量。

（2）CO_2 排放模块的模型建立。由于煤炭和石油天然气有着不同的排放系数，因此分别对两种化石燃料的 CO_2 排放系数作分析。而工业部门和非工业部门以及城乡居民其碳排放特点均有所不同，这里分别对工业部门和非工业部门以及城乡居民的石油天然气和煤炭的 CO_2 排放量做分析，详见式（4-7）～式（4-15）。

工业部门的煤炭 CO_2 排放量：

$$QPE\_in\_CO_a = QICO_a \cdot em\_co \cdot (1 - ls) \quad \forall IN \qquad （4-7）$$

非工业部门和居民的煤炭 CO_2 排放量：

$$QPE\_nin\_CO_a = QICO_a \cdot em\_co \quad \forall NIN \qquad （4-8）$$

$$QPE\_h\_CO_h = QICO_h \cdot em\_co \qquad （4-9）$$

煤炭的总 CO_2 排放量：

$$QPE\_CO = \sum_a QPE\_in\_CO_a + \sum_a QPE\_nin\_CO_a + \\ \sum_h QPE\_h\_CO_h \qquad （4-10）$$

式中　　　　IN——工业部门集合；NIN 非工业部门集合；

$QPE\_in\_CO_a$ ——工业部门煤炭的 CO_2 排放量；

$QPE\_nin\_CO_a$ ——非工业部门的 CO_2 排放量；

$QPE\_h\_CO_h$ ——居民的煤炭 CO_2 排放量；

QPE_CO ——煤炭的总 CO_2 排放量；

$QICO$ ——各部门的煤炭消费量；

em_co —— CO_2 排放系数；

ls ——能源损失率。

工业部门的石油 CO_2 排放量：

$$QPE\_in\_OG_a = QIOG_a \cdot em\_og \cdot (1 - ls) \quad \forall IN \qquad （4-11）$$

非工业部门和居民的石油 CO_2 排放量：

$$QPE\_nin\_OG_a = QIOG_a \cdot em\_og \quad \forall NIN \qquad （4-12）$$

$$QPE\_h\_OG_h = QIOG_h \cdot em\_og \qquad （4-13）$$

石油的总 CO_2 排放量：

$$QPE\_OG = \sum_a QPE\_in\_OG_a + \sum_a QPE\_nin\_OG_a + \sum_h QPE\_h\_CO_h \qquad （4-14）$$

式中　$QPE\_in\_OG_a$ ——工业部门石油 CO_2 排放量；

$QPE\_nin\_OG_a$ ——非工业部门的石油 CO_2 排放量；

$QPE\_h\_OG_a$ ——居民的石油 CO_2 排放量；

QPE_OG ——石油的总 CO_2 排放量。

化石燃料总 CO_2 排放量：

$$QPE = QPE\_CO + QPE\_OG \qquad (4\text{-}15)$$

式中 QPE ——化石燃料总 CO_2 排放量。

（3） CO_2 排放量模拟结果。本节利用 CGE 模型，分析了实施碳税对可再生能源的替代效应，并深入研究了实施碳税对我国碳排放的影响，在目前的技术规模参数下，不考虑能源效率的提高，从征收碳税所占 GDP 的比例所对应的碳税税率分 9 种情景进行讨论，为了更加清晰地比较征收碳税对碳排放的影响，这里针对情景Ⅰ、情景Ⅳ、情景Ⅷ进行比较分析，见表 4-6。

表 4-6　　　　　　　各部门 CO_2 排放量随碳税税率的变化情况

CO_2 排放量\\能源	情景Ⅰ		情景Ⅳ		情景Ⅷ	
	煤炭 CO_2 排放量	石油 CO_2 排放量	煤炭 CO_2 排放量	石油 CO_2 排放量	煤炭 CO_2 排放量	石油 CO_2 排放量
煤炭	−7.21	−5.09	−28.12	−20.69	−54.08	−42.36
石油	−4.39	−0.87	−18.08	−4.08	−37.82	−10.47
冶金	−3.89	−1.5	−16.03	−6.54	−33.71	−15.08
轻工业	−9.93	−7.78	−37.42	−30.62	−67.65	−58.94
化工产品	−5.39	−0.5	−21.68	−2.41	−43.76	−6.49
制造业	−3.77	−1.37	−15.56	−6.02	−32.84	−13.97
风电和太阳能发电	−6.27	−6.67	−25.1	−20	−49.41	−33.33
水电	−3.71	−1.37	−15.59	−6.07	−33.26	−14.55
核电	−5.99	−4.0	−23.96	−16	−47.43	−33.33
火电	−4.5	−2.13	−18.83	−9.65	−40.14	−23.31

由表 4-6 可知，随着碳税税率的增高，工业部门的煤炭碳排放量和石油碳排放量与基准情景相比均有明显降低，其中各部门中煤炭的碳排放量的降低幅度均大于石油碳排放的降低幅度，即实施碳税可以更好地抑制煤炭的 CO_2 排放

量，也可以有效降低石油 CO_2 排放量。且碳税税率越高，对煤炭和石油的抑制作用越明显。其中，实施碳税对轻工业的 CO_2 排放量影响最大，其次是煤炭部门本身。

由于各部门的煤炭 CO_2 排放量和石油 CO_2 排放量的大小与该部门对煤炭和石油的消费量及煤炭和石油的碳排放系数直接相关，而这里假设可再生能源部门对煤炭和石油有一定的消费，因此实施碳税对可再生能源部门的 CO_2 排放量也有明显的抑制作用，这种抑制作用的大小与社会核算矩阵中部门的细分和合并方法有着明显的关系。由表 4-6 可知，实施碳税对火电部门的 CO_2 减排作用相对于可再生能源部门较小，主要原因是：在研究对能源结构的影响中，实施碳税可以有效提高可再生能源在能源结构中的占比，降低煤炭和石油占比，与此同时也明显提高了火电在能源消费结构中的占比。因为实施碳税对化石能源部门的明显抑制作用，使得各个部门对煤炭和石油的消费量明显降低，在目前的能源结构和技术规模参数下，工业部门为了其正常发展，通过对电力消费量的增加来替代和弥补对煤炭和石油消费量的减少，而火电占整个发电量的 70%～80%，因此实施碳税能够短期内刺激对火电的消费。由于火电的消费量呈明显增长趋势，煤炭和石油为火力发电主要的初始能源投入，因此，实施碳税对火电的碳排放抑制作用相对于其他部门较弱，这也是由当前的能源消费模式所决定。

由图 4-5 可知，随着碳税税率的提高，煤炭 CO_2 排放量呈明显的下降趋势，石油 CO_2 排放量下降趋势较为不明显，由此可知实施碳税对煤炭 CO_2 排放量有较强的抑制作用。总 CO_2 排放量由于煤炭 CO_2 排放量降低而降低，主要原因是煤炭的碳排放系数远远大于石油的碳排放系数，因此我国以煤炭为主、石油为辅的能源消费模式不利于我国的节能减排目标的实现。为此，完善我国能源消费模式、优化我国能源结构对实现我国的国际性节能减排目标有着非常重要的意义。而把可再生能源整合到能源结构中去是优化我国能源消费模式的重中之重，因此，实施碳税是提高可再生能源替代率、优化能源结构、实现节能减排目标的重要策略。

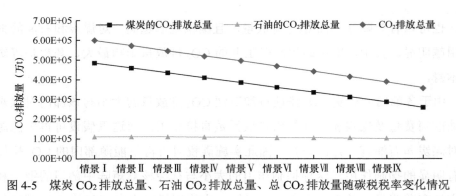

图 4-5　煤炭 CO_2 排放总量、石油 CO_2 排放总量、总 CO_2 排放量随碳税税率变化情况

本 章 小 结

本研究应用能源-环境-经济 CGE 模型,从两个角度分析了不同碳税比例下,各种能源的国内生产产品总量和价格的变化,以及可再生能源在能源结构中的占比变化,并从深层次分析了电力结构的消费变化和生产供应总量变化。通过前文分析,给出以下观点:

(1) 实施碳税政策,有效提高可再生能源占比,促进可再生能源发展。实施碳税能够有效降低煤炭和石油在整个能源结构中的占比,同时提高可再生能源占比。在保证各经济主体福利的条件下,能够很好促进可再生能源的发展,特别是风电和太阳能发电的发展,对化石能源的消费和生产有明显的抑制作用。显然,实施碳税最直接的影响效应是节能减排,碳税实施力度越大,节能减排效果越好。因此,实施碳税既可以实现节能减排目标,又可以按照国家政策实现可再生能源在能源结构的渗透,进而实现能源的可持续发展。

(2) 加大碳税实施力度,完善能源消费模式。从结果来看,实施碳税政策能够有效降低煤炭和石油的消费,抑制煤炭和石油的生产,加大对电力的消费力度。碳税的实施对风电和太阳能发电的影响最大,核电次之,水电相对稳定。因此,实施碳税可以有效引导可再生能源对传统化石能源的替代,实现可再生能源在整个能源组合中的渗透和整合,特别是风电和太阳能发电在能源结构中的渗透,从而有效地改变这种煤炭消费为主、石油消费为辅的高耗能、高排放能源消费模式。

第5章　化石能源价格政策对可再生能源替代的能源经济环境效应影响

从 2002 年开始，我国逐步放开对煤炭价格的控制，煤炭行业走市场化方向，由市场来决定煤炭价格，使 2007 年我国煤炭价格大幅上涨。受到国际金融危机的影响，2008 年开始，煤炭价格出现下跌趋势。2009 年国家的经济拉动措施使得煤炭价格出现小幅上涨。2011 年以来，随着我国经济增长速度放缓、我国对产业结构调整的需求加大、优化能源结构的呼声日益加强以及我国化石能源消耗过度，特别是近几年来，煤炭产能过剩日益严重，我国煤炭价格一路下跌。加之我国石油天然气储量较为匮乏，我国对进口石油依赖性日益加重，在国际石油价格方面的话语权较弱，国际石油价格的变化将会对我国的石油消费、宏观经济产生较大的影响。而煤炭和石油一直以来在我国的能源结构中占有较强的主导地位，因此化石能源价格的波动对我国的宏观经济、能源结构、能源消费、可再生能源在能源结构中的占比、可再生能源对化石能源的替代以及 CO_2 排放量等各个方面产生较大的影响，从而影响整个能源-经济-环境 3E 系统。但是对 3E 系统产生何种影响以及对可再生能源替代产生何种影响有待研究。

因此本章分以下几个内容来研究化石能源价格变化对可再生能源代替产生的影响：一是对模拟化石能源价格变化的具体所用的 CGE 模型和情景设置作简要说明；二是分析煤炭价格变化对可再生能源替代的经济能源环境影响；三是分析石油价格变化对可再生能源替代的经济能源环境影响；四是对煤炭价格变化和石油价格变化对可再生能源替代产生的影响得出结论并提出相应的政策建议。

5.1　模型说明及情景设置

研究化石能源价格变化对可再生能源替代的影响与研究碳税政策对可再生能源替代的影响在模型上有所不同，化石能源价格变化直接影响能源的价格，而能源价格变化主要作用于能源使用消费环节，因此本章将对 CGE 模型作如下处理，在能源使用环节加入能源变化因子 k，然后对变化因子 k 做冲击，从而模拟出化石能源价格变化对可再生能源的影响，具体模型详见式（5-1）～式（5-4）。

煤炭、石油聚合成化石能源的 CES 函数如式（5-1）、式（5-2）表示煤炭和石油的最优要素投入，式（5-3）表示煤炭石油聚合的价格关系。

$$QIF_a = a_a^{ecn}\left(\delta_a^{ecn} \cdot QIOG_a^{-\rho_a^{ecn}} + \left(1-\delta_a^{ecn}\right) \cdot QICO_a^{-\rho_a^{ecn}}\right)^{-\frac{1}{\rho_a^{ecn}}} \tag{5-1}$$

$$\frac{QIOG_a}{QICO_a} = \left(\frac{(1+k_{co}) \cdot PQCO_a}{(1+k_{og}) \cdot PQOG_a} \cdot \frac{\delta_a^{ecn}}{1-\delta_a^{ecn}}\right)^{\frac{1}{1+\rho_a^{ecn}}} \tag{5-2}$$

$$PQF_a \cdot QIF_a = PQOG_a \cdot QCOG_a \cdot \left(1+k_{og}\right) + PQCO_a \cdot QICO_a \cdot \left(1+k_{co}\right) \tag{5-3}$$

$$\begin{aligned} k_{co} &= -0.2, -0.1, 0, 0.1, 0.2 \\ k_{og} &= -0.2, -0.1, 0, 0.1, 0.2 \end{aligned} \tag{5-4}$$

式中　k_{co}、k_{og} 分别为煤炭和石油价格变化率，化石能源价格变化主要体现在化石能源的生产函数中，当煤炭价格变化率 k_{co} 从-20%到 20%变化时，而此时石油价格变化率为 0，煤炭价格变为 $PQCO_a \cdot \left(1+k_{og}\right)$，价格变化引起煤炭消费量变化，煤炭消费量变化引起整个能源—经济—环境 3E 系统的变化，从而模拟出可再生能源在能源结构中占比的变化。同理当石油价格变化率从-20%到 20%变化时，石油价格变为 $PQCG_a \cdot \left(1+k_{og}\right)$，此时保持煤炭价格变化率为 0，从而模拟出化石能源价格变化对可再生能源替代的影响。

为了更好地对模拟结果做出解释和分析，分别设置四种情景，其中煤炭相对价格和石油的相对价格不变时，即 $PQ=1$ 时作为基本情景，当价格降低 20%时作为情景Ⅰ；当价格降低 10%时作为情景Ⅱ；当价格升高 10%时作为情景Ⅲ；当价格升高 20%时作为情景Ⅳ。通过这四种情景来仿真和模拟化石能源价格变化，可以更好地为如何提高可再生能源在能源结构中的占比提出相应的政策建议。

5.2　煤炭价格变化对可再生能源替代的能源经济环境效应

一直以来，煤炭在能源结构中均占主导地位，煤炭不仅作为燃料应用于电力、钢铁、化工、制造业、交通运输业等下游行业，而且将会影响可以替代煤炭部门的其他能源行业等下游部门，如石油天然气部门、可再生能源部门等，因此煤炭价格的波动将会对各个部门的生产产生较大的影响。

煤炭价格波动对其他部门的影响将会通过以下途径传导：一是对上游部门的直接传导作用。煤炭作为上游部门的主要原料，其价格变动将会影响其上游部门的能源成本，从而改变对煤炭的消费量，或者把能源成本的变化转嫁到其产量的变化及其商品价格的变化，从而对居民的消费、GDP 等宏观经济指标产生影响。二是其他能源的替代效应。当煤炭价格变化时，必将会引起上游部门能源成本的变化。如当煤炭价格上涨时，上游部门为了降低其能源成本，必将会寻找其他价格更加优惠的其他能源，如石油、可再生能源等，从而减少对煤炭的消费，产生对煤炭的替代；当煤炭价格降低时，也必然会增大对煤炭的消费，从而减少对其他能源的消费。三是国际传导效应。由于我国煤炭储量的有限性，我国煤炭对国外进口具有一定的依赖性，国内煤炭价格的变化，必然会引起对国外煤炭进出口的变化，从而对进出口产生一定的影响。

因此，煤炭价格的变化将会波及宏观经济及能源的各个方面，本节主要分析煤炭价格变化的前两个传导途径：直接传导途径和替代效应。这里分别从对能源结构的影响和对能源消费占比的影响两个方面来分析煤炭价格的变化对可再生能源替代产生的影响。

5.2.1　煤炭价格对能源结构的影响

煤炭价格的变化首先会影响上游部门的能源成本，从而影响对煤炭的消费量。

由表 5-1 可知，情景Ⅰ与基本情景相比，农业、煤炭部门、金属冶炼部门、轻工业、制造业、火力发电、交通运输业等部门均随着煤炭价格的降低，对煤炭的消费量出现大幅上涨，其中对轻工业、制造业、交通运输业、火力发电等部门的影响最大。相反，石油部门、水电、化工产品等部门随着煤炭价格的降低，对煤炭的消费量出现上升趋势，主要是由于这些能源作为煤炭的替代能源，当煤炭价格下降时，这些能源的上游部门由于煤炭价格更加便宜转而加大对煤炭的消费量，降低对石油、水电等能源的消费，化工产品的主要初始能源投入是石油，因此通过石油的间接传导作用也会减少对煤炭的消费量。风电和太阳能发电项目是一种清洁能源发电，在建设初期会对煤炭有少量的消费，因此煤炭价格变化对风电和太阳能发电没有影响。

表 5-1　　　　　　　　煤炭价格变化对各部门煤炭消费的影响　　　　　　　　（%）

情景 部门	情景Ⅰ	情景Ⅱ	情景Ⅲ	情景Ⅳ
农业	22.89	10.02	−8.01	−14.54
煤炭	33.51	14.02	−10.4	−18.31
石油	−5.34	−2.61	2.47	4.79
金属冶炼	0.78	0.072	0.37	1.06
轻工业	20.5	8.59	−6.29	−10.94
化工产品	−26.06	−13.26	13.67	27.68
制造业	20.04	8.85	−7.16	−13.07
风电和太阳能发电	0	0	0	0
水电	−3.45	−3.45	3.45	3.45
核电	12.5	6.25	−6.25	−6.25
火电	13.73	6.19	−5.11	−9.36
交通运输业	22.93	10.058	−8.06	−14.67
服务业	17.9	7.6	−5.73	−10.11

当煤炭价格由情景Ⅰ变化到情景Ⅳ时，随着煤炭价格的上涨，各行业对煤炭消费量产生明显变化。煤炭的上游部门随着煤炭价格的上升呈现相反的变化趋势，而煤炭的替代能源如石油、水电等对煤炭的消费量随着煤炭价格的上升呈现出相

同的变化趋势，如图 5-1 所示。

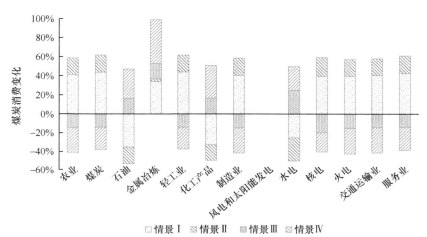

图 5-1　各部门煤炭消费量变化趋势

当煤炭价格从情景Ⅰ变化到情景Ⅳ时，各种能源的总消费量变化情况见表 5-2。情景Ⅰ时，即煤炭价格下降 20% 时，煤炭作为初始能源投入成本降低，总能源消费量增加 4.31%，化石能源消费量增加 25.3%，煤炭消费量增加 70.85%。总能源消费量和化石能源消费量之所以会随着煤炭价格的下降而增加，主要是由于煤炭在我国的能源结构中占主导地位，在我国能源结构中的比例达到 70% 左右，石油和其他清洁能源总共占比 30% 左右，当煤炭价格下降时，各个行业对煤炭的消费量明显增加，因而带动化石能源和总能源消费量随着煤炭价格降低呈现较大的涨幅。而清洁能源、可再生能源、核电、风电和太阳能发电、水电的消费量呈现明显的下降趋势，其中可再生能源消费量降低 6.45%，核电降低 7.89%，风电和太阳能发电降低 8.4%，水电降低 6.29%。从降低幅度来看，煤炭价格降低将会对风电和太阳能发电产生较大的影响，其次是核电，对水电的影响相对较小，这是由于煤炭价格的降低使得使用煤炭更加经济，而能源之间具有一定的替代性，便会出现煤炭替代可再生能源，而目前我国风电和太阳能发电总装机容量较大，在可再生能源中发展最快，可替代的弹性较大，因此煤炭价格降低会对风电和太阳能发电的消费量会产生较大的负面影响。而水电和核电发展相对较为平稳，因此煤炭价格下降对水电和核电消费产生的负面影响较小。

表 5-2　　　　　　　　　　煤炭价格变化对各能源消费的影响　　　　　　　　（%）

能源 ＼ 情景	情景Ⅰ	情景Ⅱ	情景Ⅲ	情景Ⅳ
总能源	4.31	1.72	−1.2	−2.08
化石能源	25.3	10.69	−8.03	−14.2
石油	−1.38	−0.42	0.12	0.055
煤炭	70.85	29.04	−20.8	−36.1
清洁能源	−6.59	−2.99	0.57	4.47
可再生能源	−6.45	−2.92	2.39	4.35
风电和太阳能发电	−8.4	−13.38	3.26	6.01
水电	−6.29	−2.84	1.76	4.22
核电	−7.89	−3.62	3.03	5.58

情景Ⅲ中，当煤炭价格上升 10% 时煤炭消费量呈现较为明显的负增长，与基准情景相比煤炭消费量下降 20.8%，因而所带动总能量的消费量和化石能源消费量也呈现负增长，分别下降 1.2% 和 8.03%。石油消费量、清洁能源和可再生能源的消费量、风电和太阳能发电消费量、水电消费量、核电消费量均随着煤炭价格的上涨呈现上升趋势，这是由于能源间的替代效应引起的。当可选择、可替代的能源种类较多时，煤炭价格的上涨导致其上游部门企业能源成本出现明显上升，出于利润最大化考量，其上游部门会选择相对价格较低的能源作为替代能源，以降低其能源成本。而国内石油的消费和生产均相对稳定，所以较可再生能源部门，石油的涨幅相对较小。

情景Ⅳ中，当煤炭价格上升 20% 时，煤炭消费量、总能源的消费量和化石能源消费量出现明显下降，特别是煤炭消费量和化石能源消费量，下降幅度分别达到 36.1% 和 14.2%，这是由于煤炭价格上升直接产生的结果。从由煤炭价格变化所引起的能源消费量变化幅度来看，煤炭价格上升对煤炭消费量、化石能源消费量、总能源消费量产生的影响小于煤炭价格下降时对这些部门所产生的影响，这是由于虽然煤炭价格上涨，但其上游部门对煤炭的消费弹性较小，为了能够正常生产，不会大幅降低煤炭消费量，因而其他能源对煤炭的代替性相对较小，所以价格上升对煤炭消费量、化石能源消费量降低作用较小。石油消费量的上升幅度小于情景Ⅲ，主要原因是煤炭的某些上游部门如金属冶炼部门、轻工业、制造业、火电，同时也是石油部门的上游部门，这些部门对化石能源依赖程度较大，当煤炭价格上涨幅度较大，由于过大的能源成本，

使得这些部门的总产量有所下降，当总产量下降幅度较大时所用的能源消费量也有所
下降，由表 5-3 可知，因此会导致对石油的消费量有所下降。又因为能源替代效应的
存在石油消费量仍然有一定的上涨，但是上涨幅度小于情景Ⅲ。随着煤炭价格的上涨，
可再生能源消费量出现大幅上涨，这是由于对化石能源的替代作用引起的。而之所以
煤炭价格上升所引起的可再生能源消费增加的幅度小于煤炭价格下降所引起的可再
生能源消费降低的幅度，这是由于当煤炭价格上涨时，会对各个部门的产量、居民消
费、政府收入产生较大的负面影响，特别是对煤炭下游企业的成本造成很大的负面影
响，从而导致企业的产出下降，而各个部门产出的下降会造成对各种能源的消费量下
降。因此，在煤炭价格上升的条件下可再生能源对煤炭有一定的替代作用，而且这种
替代作用的影响大于各部门产量下降所引起的可再生能源消费下降的作用。

表 5-3　　　　　　　　　　　　煤炭价格对各部门总产量的影响　　　　　　　　　（%）

情景 部门	情景Ⅰ	情景Ⅱ	情景Ⅲ	情景Ⅳ
农业	0.43	0.26	−0.29	−0.59
煤炭	69.6	28.54	−20.46	−35.52
石油	−1.26	−0.39	0.12	0.074
金属冶炼	0.14	0.079	−0.085	−0.17
轻工业	0.26	0.23	−0.32	−0.67
化工产品	−0.05	0.018	−0.07	−0.16
制造业	−0.032	0.012	−0.04	−0.1
风电和太阳能发电	−7.79	−3.59	3.02	5.57
水电	−5.79	−2.61	2.13	3.8
核电	−7.31	−3.35	2.8	5.16
交通运输业	0.96	0.43	−0.36	−0.67
服务业	0.82	0.39	−0.35	−0.66

　　由表 5-3 可知，煤炭价格的变化对各个部门总产量产生了不同的影响。情景Ⅰ和
情景Ⅱ，煤炭价格下降会降低其替代能源如石油、风电和太阳能发电、水电、核电的
总产量，主要原因是煤炭价格下降会大幅度增加煤炭消费量和生产量，因而会引起对
其他可替代能源消费的减少，从而减少其可替代能源的生产。而对于其上游企业如金
属冶炼、轻工业、制造业、交通运输业、服务业的生产产量会随着煤炭价格的下降而
上升，因为煤炭作为其主要的初始能源投入，价格下降引起能源成本下降，则该部门

会利用其盈余资金扩大生产规模或增加生产时间等活动提高部门总产值。从其上游部门变化幅度来看，煤炭价格的降低对交通运输业、服务业影响最大。由表 5-3 可知，在情景Ⅱ中，煤炭价格降低增加了制造业的总产量，但是增加幅度不大，在情景Ⅰ中，制造业的总产值反而有所减少，原因是制造业的主要初始能源投入为煤炭和石油，煤炭价格下降在增加煤炭消费量同时也减少对石油的消费量。在情景Ⅱ中，煤炭消费量的增加占主导地位，因此会导致其生产总值的增加，而在情景Ⅰ中，由于煤炭价格下降幅度较大，使得石油产量减少幅度较大，此时石油消费量的减少占主导地位，从而降低了制造业的产量。对于化工行业，该部门的主要的初始能源为石油，因此煤炭价格变化对化工部门产生的变化趋势与对石油部门产生的变化趋势相同。

在情景Ⅲ和情景Ⅳ中，风电和太阳能发电、核电、水电的总产量随着煤炭价格的上升出现明显的上升趋势，且上升幅度大于石油产量的上升幅度。主要原因是煤炭价格上升会增加其各上游企业的能源成本，而我国石油产量相对稳定，且石油消费多依赖于国外进口，因此会增加对各种可再生能源的消费和产量，从而很好地实现可再生能源对煤炭的替代。煤炭价格的上升则对其上游部门产生了很大的负面影响。对交通运输业、金属冶炼、服务业、轻工业、化工产品产生的负面影响大于由于煤炭价格下降所产生的正面影响，因为煤炭价格上升，能源成本增加，上游部门会因为成本的增高而大量减产，由此也可以推断出煤炭价格升高也会对宏观经济产生很大的负面影响。

5.2.2 煤炭价格变化对可再生能源占比的影响

煤炭价格的波动对包括可再生能源在内的多个部门的消费量和产出都有显著影响。在 2022 年 6 月 1 日发布的《"十四五"可再生能源发展规划》中，明确提出大力推进可再生能源发电开发利用，积极扩大可再生能源的发电利用规模，到 2025 年，可再生能源的消费总量达到 10 亿 t 标准煤左右，"十四五"期间，可再生能源在一次能源消费增量中的占比超过 50%。因此，探究煤炭价格变动如何影响可再生能源的占比，以及哪些类型的煤炭价格变化能对可再生能源占比产生积极作用，具有重要的现实意义。

由表 5-4 可知，与基本情景相比，当煤炭价格从情景Ⅰ变化到情景Ⅳ时，随着煤炭价格的上升，可再生能源在能源结构中的占比由 12.04% 升高到 13.5%，其中可再生能源包括风能、太阳能发电、水电，水力发电作为我国优先发展的可再生能源，在可再生能源中占重要比例，因此这里单独分析水电在能源结构中的占比。由表 5-4 可知，水电在能源结构中的比例由 11.15% 上升到了 12.5%，上涨将近 1.5 个百分点。核电作为一种清洁能源，随着煤电价格的上升核电在能源结构中的占比有了一定的提高，由原来的 1.34% 上升到了 1.5%。从情景 I 变化到情景 IV 时，煤炭在能源结构中的占比呈现出一定的下降趋势，由 46.29% 下降到了 44.07%，下降 2.2 个百分点，石油消费占比随着煤炭价格的上涨而减小，这是因为国内对石油的消费和生产相对较稳定，虽然煤炭价格的上升使得石油的消费和生产有了一定的上升，但是上升幅度与可再生能源的上升幅度相比相对较小，因此石油在能源结构中的占比会随着可再生能源占比的增大而相对减少。

表 5-4　　　　　　　　煤炭价格变化对各能源占比的影响　　　　　　　　（%）

能源＼情景	情景 I	情景 II	基本情景	情景 III	情景 IV
可再生能源	12.04	12.5	12.87	13.16	13.5
核电	1.34	1.39	1.43	1.47	1.5
水电	11.15	11.58	11.92	12.18	12.5
石油	29.18	28.61	28.32	28.25	28.43
煤炭	46.29	45.91	45.46	44.94	44.07

由图 5-2～图 5-4 可以很明显地看出各种能源在能源结构中占比的变化，煤炭价格的变化对煤炭本身和石油的能源消费占比影响最大。随着煤炭价格的上升，煤炭在能源结构中的占比有所下降，但仍然不能改变其在能源结构中的主导地位。其次是石油，石油在能源结构中的占比较大且相对较稳定，约 28%。煤炭价格的上升使得可再生能源在能源结构中所占的比例有所上升，而且上升幅度较大，虽然煤炭价格的上升不能改变我国"煤炭为主，石油为辅"的能源结构，但

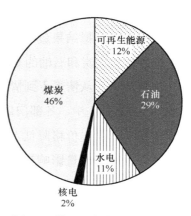

图 5-2　情景 I 的能源消费结构

是有利于优化能源结构，提高可再生能源在能源结构中的占比，从而加速可再生能源对煤炭的替代。

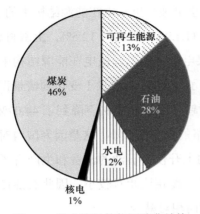

图 5-3　基本情景的能源消费结构

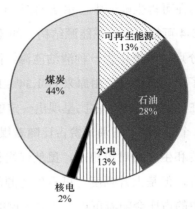

图 5-4　情景Ⅳ的能源消费结构

5.2.3　煤炭价格对 CO_2 排放量的影响

从定性的角度分析煤炭价格变化的传导关系是：煤炭价格的变化直接影响对煤炭消费量的变化，煤炭消费量的变化又会影响煤炭在生产过程中的应用，从而会引起 CO_2 排放量的变化。但是，煤炭价格的变化对 CO_2 排放量到底有多大的影响需要定量分析。因此，本节采用定量分析研究煤炭价格变化对 CO_2 排放量的影响。

本节所使用的 CO_2 排放量的计算模型与第四章所用模型相似。因此这里不做赘述，直接对模拟结果进行分析。由于煤炭的排放系数与石油的排放系数不同，这里分别讨论煤炭和石油的 CO_2 排放量变化。

当煤炭价格从情景Ⅰ到情景Ⅳ变化时，这种变化对不同的部门有不同的影响，见表 5-5。情景Ⅰ中，各部门煤炭 CO_2 排放量的变化率明显大于石油 CO_2 排放量的变化率，而煤炭价格降低对煤炭部门、轻工业、风电和太阳能发电、交通运输业、服务业的排放量影响最大，其中煤炭、轻工业、交通运输业、服务业这四个部门的煤炭 CO_2 排放量增长率均大于 1，分别增加 116.94%、164.13%、107.2%，其他部门的煤炭 CO_2 排放量也有不同程度的增加。同理，这些部门的石油 CO_2 排放量也有不同程度的增加，增加幅度较煤炭 CO_2 排放量较小。其中石油部门、化工部门、水电的石油 CO_2 排放量反而有所降低，主要是这些部门的初始能源投入为石油，由于煤炭价格的降低，降低了石油消费量和总产量，因此会降低这些部门的总产量，从而降低石油 CO_2 排放量。而煤炭 CO_2 总排放量因煤炭消费量的增多也大幅上涨，石油 CO_2 排放量因石油消费量的下降而出现一定的下降趋势。

表 5-5　　　　　　　　煤炭变化对各部门 CO_2 排放量的影响　　　　　　　　（％）

CO_2排放量　部门	情景 I		情景 II		情景 III		情景 IV	
	煤炭CO_2排放量	石油CO_2排放量	煤炭CO_2排放量	石油CO_2排放量	煤炭CO_2排放量	石油CO_2排放量	煤炭CO_2排放量	石油CO_2排放量
煤炭	116.91	62.14	44.47	25.95	−28.49	−19.07	−47.44	−33.41
石油	51.77	−4.85	22.11	−2	−16.82	1.45	−29.85	2.52
金属冶炼	46.08	6.37	19.52	2.92	−14.82	−2.52	−26.37	−4.71
轻工业	164.14	94.59	61.49	39.83	−36.7	−27.92	−58.88	−47.3
化工产品	84.88	−3.6	33.93	−1.47	−23.4	1.04	−40.04	1.79
制造业	48.01	7.77	20.39	3.67	−15.5	−3.3	−27.58	−6.28
风电和太阳能发电	96.47	40	37.65	20	−24.71	−13.33	−42.35	−26.67
水电	35.63	−1.3	15.52	−0.53	−12.35	0.3	−22.4	0.43
核电	85.82	34.67	33.86	14.67	−23.23	−12	−39.73	−22.67
火电	54.38	12.42	24.09	6.86	−19.058	−7.36	−34.09	−14.71
农业	87.22	38.96	34.51	16.87	−23.53	−13.12	−40.13	−23.72
交通运输	136.29	29.21	50.29	13.08	−30.9	−10.68	−50.69	−19.48
服务业	107.2	40.76	41.1	17.6	−26.75	−13.66	−44.83	−24.46
CO_2排放总量	69.85	−1.37	28.63	−0.42	−20.51	0.12	−35.59	0.05

　　情景 IV 中，煤炭价格上涨 20%，由此导致各部门的煤炭 CO_2 排放量和石油 CO_2 排放量出现不同情况的变化。煤炭价格的上涨使得每个部门的煤炭 CO_2 排放量均出现大幅度下降，但是下降幅度小于由煤炭价格降低所引起的煤炭 CO_2 排放量上升幅度。而大部分部门的石油 CO_2 排放量也出现下降趋势。情景 IV 中，总的煤炭 CO_2 排放量降低 35.59%，总的石油 CO_2 排放量因能源的替代作用上涨 0.05%。由此可见，煤炭价格的上升可以很大程度地减少 CO_2 排放量，有利于我国的节能减排目标的实现。

5.2.4 煤炭价格变化对宏观经济的影响

基于煤炭价格变化的传导途径，煤炭价格变化会对各部门的总产量和生产成本产生较大的影响，总产量和生产成本的变化会引起商品出厂价格的变化，从而会对 GDP 产生一定的影响。而出厂品价格的变化又会转嫁到居民商品消费价格，或者企业的原材料购进价格，或政府购买商品价格，从而改变居民、企业和政府的收入和支出，对居民福利产生一定的影响。居民和企业的收入变化又会影响所缴纳的所得税变化，所得税的变化会影响政府收入的变化，从而对政府储蓄和国外储蓄产生一定的影响。因此，煤炭价格的变化会对宏观经济产生一定的影响。

当煤炭价格从情景Ⅰ到情景Ⅳ变化时，由情景Ⅰ、情景Ⅱ可知，居民储蓄、居民收入、企业收入、投资、税收等指标均随着煤炭价格的下降而出现小幅上升，见表 5-6。主要原因是煤炭价格下降，会降低煤炭的各上下游企业的生产成本，从而降低商品的出厂品价格，而由此降低商品的市场价格，从而增加居民和企业对商品的消费。煤炭上下游企业成本的降低会加大商品的生产规模，增加对劳动和资本的需求量，从而增加居民和企业收入，收入的增加导致居民所得税和企业所得税的增加，所得税的增加引起政府收入的增加。由于国内煤炭价格的降低，国内商品价格具有价格优势，这将会引起国外进口量的减少，从而导致进口关税有所减少。由于煤炭价格的下降，引起各类商品价格的下降，因此人均 GDP 有所下降，而实际 GDP 则呈现上升趋势。

表 5-6　　　　　　　　煤炭价格对宏观经济的影响　　　　　　　　（%）

情景类型	情景Ⅰ	情景Ⅱ	情景Ⅲ	情景Ⅳ
居民储蓄	0.95	0.41	−0.31	−0.56
企业收入	0.03	0.05	−0.07	−0.17
企业储蓄	0.026	0.04	−0.08	−0.17
投资	0.36	0.2	−0.22	−0.43
生产增值税	0.77	0.38	−0.34	−0.65
进口关税	−0.007	0.057	−0.12	−0.26
居民所得税	0.6	0.31	−0.3	−0.57
企业所得税	0.026	0.046	−0.077	−0.17

续表

类型　　情景	情景 Ⅰ	情景 Ⅱ	情景 Ⅲ	情景 Ⅳ
政府收入	0.53	0.27	−0.26	−0.51
政府支出	0.53	0.27	−0.26	−0.51
政府储蓄	0.53	0.27	−0.26	−0.51
GDP	0.18	0.016	−0.07	−0.18
PGDP	−0.3	−0.1	0	0.1

由情景 Ⅲ、情景 Ⅳ可知，煤炭价格上升波及宏观经济变量均有所下降，这也是符合宏观经济中的经济波及理论，即所有的经济活动都不是孤立变化的，也不是同时发生的，而是产业间、行业间、地区间等各种经济活动相互波及、渗透。因此，煤炭价格的上升会抑制各种经济活动的发生，从而对宏观经济起到一定的负面作用。由表 5-6 可知，宏观经济中的 PGDP 由于煤炭价格的上升，而呈现上升趋势，而实际 GDP 因为各部门总产值的降低而出现下降趋势，这种变化趋势与宏观经济理论和经济波及理论相符合。

总体来说，煤炭价格的上升，会有利于发展可再生能源、提高可再生能源占比、促进可再生能源替代、优化能源结构，也有利于促进节能减排、实现碳排放减排目标，但是对宏观经济产生一定的负面影响。因此，在提高煤炭价格的同时，应采取一定的补贴激励措施，如适度补偿煤炭上下游企业以弥补煤炭价格提高所引起的负面影响，如对碳排放减排力度较大的企业适度奖励或者降税以减少其生产成本等。总之，实现可再生能源替代应与实现碳排放减排目标、实现经济稳步增长同时进行，这才是我国发展可再生能源的终极目标。

5.3　石油价格对可再生能源替代的能源经济环境影响

石油作为我国的另一种主要的化石能源，主要有两种用途：一种是作为燃料为其上游部门提供初始能源投入，另一种是作为原料，经过其上游企业的再加工生产出其他产品，如化工产品等。这里通过化石能源价格变化的 CGE 模型，模拟出了石油价格变化对可再生能源替代的影响，经过分析发现，石油价格变化对可再生能源占比、可再生能源替代、CO_2 总排放量的影响与煤炭价格变化所产生的影响有着相同的变化趋势，其中的原因和影响传导途径与煤炭价格变化相似，因此这里只罗列出了石油价格变化的模拟结果，对这些结果产生的原因和传导途径不做赘述。模拟结果详见表 5-7～表 5-12。能源消费结构见图 5-5～图 5-7。

表 5-7　　　　　　　　石油价变化对各部门石油消费的影响　　　　　　　（%）

部门 ＼ 情景	情景Ⅰ	情景Ⅱ	情景Ⅲ	情景Ⅳ
农业	39.86	35.42	−13.42	−22.25
煤炭	29.62	26.14	−10.45	−19.12
石油	79.42	75.77	−24.21	−42.03
金属冶炼	60.84	53.71	−18.51	−32.44
轻工业	60.27	52.91	−18.27	−31.99
化工产品	40.1	41.27	−16	−29.56
制造业	38.36	34.11	−13.04	−23.46
风电和太阳能发电	50	0	0	−50
水电	113.75	95.21	−27	−45
核电	60	50	−20	−30
火电	35.32	29.88	−11.46	−20.53
交通运输业	81.94	71.37	−22.58	−38.67
服务业	59.63	51.78	−17.91	−31.34

表 5-8　　　　　　　　石油价格变化对各能源消费的影响　　　　　　　（%）

能源 ＼ 情景	情景Ⅰ	情景Ⅱ	情景Ⅲ	情景Ⅳ
总能源	7.07	3.17	−2.56	−4.62
化石能源	23.49	10.93	−9.44	−17.57
煤炭	−2.19	−1.12	1	1.8
石油	40.59	18.66	−15.77	−29
火电	−4.94	−2.35	3.83	7.16
清洁能源	−4.47	−2.46	2.77	5.14
可再生能源	−4.44	−2.45	2.76	5.68
核电	−4.72	−2.58	2.87	5.9
水电	−4.82	−2.62	2.91	5.98

表 5-9　　　　　　　石油价格变化对各部门总产值的影响　　　　　　　（%）

情景 部门	情景 I	情景 II	情景 III	情景 IV
农业	1.09	1.15	−0.57	−1.13
煤炭	−2.13	−2.04	0.97	1.74
石油	40.53	40.77	−15.73	−28.94
金属冶炼	0.98	1.02	−0.51	−1.01
轻工业	1.28	1.4	−0.71	−1.43
化工产品	−1.28	−1.14	0.53	0.98
制造业	0.95	1.073	−0.55	−1.11
风电和太阳能发电	−4.45	−4.98	2.69	5.52
水电	−4.03	−4.64	2.52	5.19
核电	−4.34	−4.89	2.65	5.44
火电	−5.15	−5.57	2.98	6.08
交通运输业	1.49	1.39	−0.66	−1.26
服务业	1.88	1.78	−0.85	−1.62

表 5-10　　　　　　石油价格变化对各能源消费占比的影响　　　　　　（%）

情景 能源	情景 I	情景 II	基本情景	情景 III	情景 IV
煤炭	26.25	29.12	32.06	34.94	37.69
风电和太阳能发电	0.87	0.98	1.09	1.21	1.34
水电	10.98	12.29	13.72	15.21	16.74
石油	60.59	56.13	51.49	46.81	42.22
核电	1.31	1.47	1.65	1.83	2.01

表 5-11　　　　　　石油价格变化对 CO_2 排放量的影响　　　　　　（%）

CO_2 排放量 部门	情景 I		情景 II		情景 III		情景 IV	
	煤炭 CO_2 排放量	石油 CO_2 排放量	煤炭 CO_2 排放量	石油 CO_2 排放量	煤炭 CO_2 排放量	石油 CO_2 排放量	煤炭 CO_2 排放量	石油 CO_2 排放量
煤炭	−1.25	44.75	−0.89	26.14	0.46	−10.45	−1.55	−19.13
石油	28.2	136.73	19.38	75.77	−8.91	−24.21	−1.57	−42.03
金属冶炼	30.1	97.37	18.19	53.71	−7.7	−18.51	−1.33	−32.44
轻工业	31.27	96.09	18.72	52.91	−7.82	−18.27	−1.04	−31.99
化工产品	−29.1	66.79	−17.63	41.27	8.54	−16	−1.04	−29.56

续表

CO₂排放量 部门	情景 I		情景 II		情景 III		情景 IV	
	煤炭 CO_2 排放量	石油 CO_2 排放量	煤炭 CO_2 排放量	石油 CO_2 排放量	煤炭 CO_2 排放量	石油 CO_2 排放量	煤炭 CO_2 排放量	石油 CO_2 排放量
制造业	4.88	59.11	3.12	34.11	−1.47	−13.04	−1.32	−23.46
风电和太阳能发电	15.45	69.23	8.54	38.46	−3.53	−13.33	−1.46	−26.67
水电	93.06	192.91	50.29	95.47	−17.34	−27.06	−3.92	−45.11
核电	25.03	90.32	14.14	50	−5.75	−17.33	−1.55	−29.33
火电	0.76	52.84	−0.14	29.88	0.31	−11.46	−1.04	−20.53
农业	9.21	61.56	5.77	35.41	−2.65	−13.43	−1.69	−24.11
交通运输业	6.33	134.95	3.91	71.32	−1.78	−22.56	−1.69	−38.66
服务业	17.01	94.45	10.18	51.78	−4.41	−17.91	7.15	−31.34
CO_2 总排放量	−3.11	66.91	−2.07	40.87	0.99	−15.77	−0.17	−29

表 5-12　　　　　　石油价格变化对宏观经济的影响　　　　　　（%）

情景 项目	情景 I	情景 II	情景 III	情景 IV
城市居民收入	2.65	1.7	−0.81	−1.55
农村居民收入	2.71	1.74	−0.83	−1.57
居民储蓄	2.55	1.57	−0.72	−1.33
企业收入	1.94	1.21	−0.55	−1.04
企业储蓄	1.94	1.21	−0.56	−1.04
投资	1.98	1.34	−0.67	−1.32
生产税	2.31	1.54	−0.75	−1.46
进口关税	7.21	4.54	−2.09	−3.92
居民所得税	2.66	1.71	−0.81	−1.55
企业所得税	1.94	1.2	−0.56	−1.04
政府收入	2.86	1.85	−0.88	−1.69
政府支出	2.86	1.85	−0.88	−1.69
政府储蓄	2.86	1.85	−0.88	−1.69
国外储蓄	−15.68	−9.09	4.1	7.15
GDP	−0.18	0	−0.05	−0.17
PGDP	0.2	0.2	−0.1	−0.2

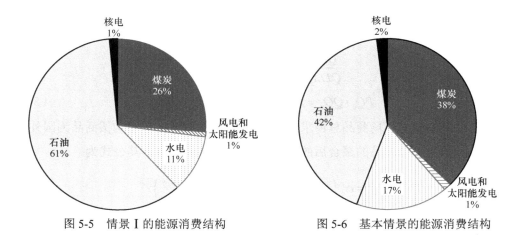

图 5-5　情景Ⅰ的能源消费结构　　　　图 5-6　基本情景的能源消费结构

图 5-7　情景Ⅳ的能源消费结构

　　但是由于我国特有的"丰煤少油"的资源禀赋，目前我国石油天然气在能源结构中的占比相对较低，小于 30%，且我国的年均生产相对较稳定且年均产出远远小于我国的石油消费需求，因此我国石油消费对国外进口依赖度又较大，而我国在国际石油市场中对石油价格的话语权较弱，缺乏石油定价的自主权。因此，在这样的国内石油消费状况下，有必要分析我国石油价格变化对我国石油进出口的影响。

　　在 CGE 模型中，国内商品的国内市场销售和出口分配符合 CET 函数，其公式为

$$QA_a = \alpha_a^t \cdot \left(\delta_a^t \cdot QE_a^{-\rho_a^t} + \left(1 - \delta_a^t\right) \cdot QDA_a^{-\rho_a^t} \right)^{-\frac{1}{\rho_a^t}} \tag{5-5}$$

$$\frac{QE_a}{QDA_a} = \left(\frac{PE_a}{PDA_a} \cdot \frac{1 - \delta_a^t}{\delta_a^t} \right)^{\frac{1}{1+\rho_a^t}} \tag{5-6}$$

$$PQ_c \cdot QQ_c = PDC_c \cdot QDC_c + PM_c \cdot QM_c \tag{5-7}$$

而商品的国内市场商品总需求采用 Armington 假设，国内购买商品为国外进口商品和国内生产商品的聚合后的复合商品符合 CES 函数，其公式为

$$QQ_c = \alpha_c^q \left(\delta_c^q \cdot QM_c^{-\rho_c^q} + \left(1 - \delta_c^q\right) \cdot QDC_c^{-\rho_c^q} \right)^{-\frac{1}{\rho_c^q}} \tag{5-8}$$

$$\frac{QM_c}{QDC_c} = \left(\frac{PDC_c}{PM_c} \cdot \frac{\delta_c^q}{\left(1 - \delta_c^q\right)} \right)^{\frac{1}{1+\rho_c^q}} \tag{5-9}$$

由表 5-13 可知，当石油价格从情景 I 变化到情景 IV 时，石油的国内生产量、石油出口量、石油进口量、国内市场商品总量有相似的变化趋势。情景 I 时，由于石油价格的降低，石油国内商品数量、石油进口量、石油出口量均呈现大幅度增加，增加幅度为 67%左右，主要原因是国内石油价格的降低会降低石油上游部门的生产成本，增加国内石油生产量，国内石油价格的降低对其他可替代的能源如煤炭、可再生能源等有一定的替代作用，这种替代作用会增加石油需求，从而会增加石油进口，同时石油国内生产量的加大以及生产成本的降低，石油部门也会加大对石油产品的出口。总之，由于石油的较强的国际属性，其价格的降低会增加石油商品的流动性，从而增加国内石油衍生产品供给。

表 5-13　　　　　　　　石油价格变化对石油进出口的影响　　　　　　　　　（%）

石油变化＼情景	情景 I	情景 II	情景 III	情景 IV
石油国内生产量变化	66.76	40.76	−15.73	−28.93
石油出口变化	67.54	41.35	−15.93	−29.3
石油进口变化	66.9	41.06	−15.83	−29.12
石油国内市场商品数量变化	66.9	40.87	−15.93	−29

由情景 IV，与基准情景相比石油商品价格升高，增加了石油部门的生产成本以及其上游部门的使用成本，因此国内生产石油数量降低。由于国内石油价格的

升高，国际市场也会减少对国内石油的消费量，从而石油出口量降低。由于石油价格的升高，国内使用石油成本增高，由此会转向其他能源产品对石油产品的替代，因此会降低对石油产品的需求，从而降低石油产品进口，降低国内石油市场复合商品数量。

本　章　小　结

通过化石能源价格的变化对可再生能源替代经济环境能源效应的分析可知，降低化石能源价格会增加化石能源消费、降低可再生能源替代、增加 CO_2 排放量，但是对宏观经济有一定的刺激作用；化石能源价格的升高会降低化石能源的消费、促进可再生能源替代、减少 CO_2 排放量，有利于提高可再生能源占比，优化能源结构，达到节能减排目标，但是会降低部门生产，对宏观经济产生一定的负面影响。因此，本章提出相关性建议：为了达到节能减排目标、促进可再生能源替代、优化能源结构，需要增加化石能源价格，在提高化石能源价格的同时国家适当实施相应的补贴激励政策，如引导化石能源的上游企业加大对可再生能源的使用力度，并对可再生能源使用力度较大的企业进行相应的奖励补偿；如对节能减排目标实现效果较佳的企业适当减税或适当奖励或补偿。通过一些补偿措施的实施，提高其上游部门的生产积极性，从而保证在能够实现我国宏观经济目标的前提下能够实现可再生能源替代进程。

第 6 章　水电增值税退税政策的可再生能源替代效应

随着全球气候变暖现象日益明显，改变传统的以煤炭为主的能源消费模式、发展低碳经济模式日益迫切，加之 2009 年我国政府在哥本哈根气候大会上承诺到 2020 年我国单位国内生产总值 CO_2 排放量比 2005 年下降 40%～45%，非化石能源占一次能源消费比重达 15%，我国急需降低化石能源在我国能源结构中的占比，提高可再生能源占比，从而促进可再生能源的发展，实现可再生能源替代。在大力发展可再生能源的进程中，水能作为清洁的可再生能源，具有技术成熟、成本低廉、运行灵活的特点，世界各国都把发展水电放在能源优化的优先位置。近年来，三峡、龙滩等大型水电企业相继建成并投入运营。而在水电企业运营过程中，增值税是水电企业目前最重要的税种，由于水电自身的特殊性几乎没有进项税抵扣，水电企业长期以来面临税率偏高、税负不公的主要问题，这在一定程度上抑制了水电的发展。为了支持水电行业的发展，促进水电企业建设，国家于 2014 年 2 月出台《关于大型水电企业增值税政策的通知》，对大型水电企业缴纳的增值税实行即征即退的优惠政策，即 2013—2015 年期间，企业在增值税实际税负超过 8%的部分实行即征即退政策，2016—2018 年对其增值税实际税负超过 12%的部分实行即征即退政策。在水电几乎没有进项税额抵扣的情况下，所缴增值税额增多，则返还企业的增值税额亦相应增多，这样大大减少了水电企业所负税额，从而减少水电企业税负成本，增加水电企业收入，促进水电企业建设，增加水电发电量及消费量。

然而水电增值税退税政策对水电企业的促进作用到底有多大？水电增值税退税政策在促进水电企业发展的同时对其他能源部门的生产是否有影响？是否有利

于节能减排？是否有利于促进我国的可再生能源替代进程？以及会对我国的可再生能源替代产生怎样的影响效应都有待于研究。

因此，本章利用能源—环境—经济 3E 系统的 CGE 模型，通过各宏观经济部门之间的内在传导关系和各部门产品之间的替代关系，从系统的角度对我国水电企业增值税退税政策所产生的可再生能源替代效应进行研究，深层挖掘增值税退税的优惠政策所产生的经济环境效应，并针对计算结果提出相应的政策建议。

6.1　模型说明及情景设计

根据国家规定，我国企业所缴纳的增值税税额计算公式如式（6-1），我国企业所缴纳的增值税销项税率为 17%，而水电在生产的过程中不消耗或很少消耗其他能源或资源，仅有少量的进项税税额可以抵扣，长久以来增值税税额维持在16%~16.95%，增值税税率很高。某大型水电企业近几年的增值税税负，见表 6-1。

$$增值税税率 = \frac{当期应纳税额}{当期应税消费额} \qquad (6\text{-}1)$$

表 6-1　　某大型水电企业 2018—2022 年的增值税税负表　　（亿元）

税负＼年份	2018 年	2019 年	2020 年	2021 年	2022 年
销售收入	20.49	21.06	20.13	22.09	24.73
销项税额	3.51	3.68	3.46	3.82	4.25
进项税额	0.07	0.13	0.08	0.09	0.09
应交税额	3.44	3.55	3.38	3.73	4.16
税负	16.79%	16.86%	16.79%	16.89%	16.82%

因此，根据水电企业的实际增值税税负情况和我国新增值税退税政策：2018年至 2020 年，对其增值税实际税负超过 12% 的部分实行即征即退政策。本章按照3%、5%、9% 的增值税退税税率进行模拟，分别命名为情景Ⅰ、情景Ⅱ、情景Ⅲ，假设不实施增值税退税政策时为基本情景，通过比较各种情景的模拟结果来分析水电的增值税退税政策对可再生能源替代的影响效应。

由于电能不能大量储存，这里假设水电企业的发电量与消费量相等，按照增值税税率的计算公式，增值税退税额为 $k*PQHY+QIHY_a$，其中 k 为退税税率，$PQHY$ 为水电电价，$QIHY_a$ 为水电在各部门的消费量。由于国家实施先征后退的增值税优惠政策，增值税退税额返还水电企业实际上减少了水电企业成本，也相当于增加了水电企业的额外收入，因此这里所建立的水电增值税退税政策的 CGE 模型如式（6-2）～式（6-4）所示。

$$QREN_a = \alpha_a^{ren} \cdot \left(\delta_a^{ren} \cdot QIWS_a^{-\rho_a^{ren}} + \left(1 - \delta_a^{ren} \right) \cdot QIHY_a^{-\rho_a^{ren}} \right)^{\frac{1}{\rho_a^{ren}}} \quad (6\text{-}2)$$

$$\frac{QIWS_a}{QIHY_a} = \left(\frac{(1+k) \cdot PQHY_a}{PQWS_a} \cdot \frac{\delta_a^{ren}}{1 - \delta_a^{ren}} \right)^{\frac{1}{1+\rho_a^{ren}}} \quad (6\text{-}3)$$

$$PREN_a \cdot QREN_a = PQWS_a \cdot QIWS_a + PQHY_a \cdot QIHY_a \cdot (1+k) \quad (6\text{-}4)$$

式中　$QREN_a$——活动 a 中可再生能源的聚合总量；

$\quad\quad$ $QIWS_a$——风电和太阳能发电在活动 a 中投入量；

$\quad\quad$ $QIHY_a$——水电在活动 a 中投入量；

$\quad\quad$ $PQHY_a$——水电价格；

$\quad\quad$ $PQWS_a$——风电和太阳能发电的价格；

$\quad\quad$ $PREN_a$——可再生能源聚合价格；

$\quad\quad$ α_a^{ren}——可再生能源聚合的技术参数；

$\quad\quad$ δ_a^{ren}——可再生能源聚合的份额参数；

$\quad\quad$ ρ_a^{ren}——可再生能源聚合的指数参数。

6.2　水电增值税退税政策对供给侧的影响

水电增值税退税政策的实施降低了水电企业的税负压力，减少了水电企业成本，增加了水电企业收入，从而可促进水电企业的建设，增加水电企业发电量和消费量。由表 6-2 可知，从情景 Ⅰ 到情景Ⅲ，增值税退税政策对各部门的国内生产和价格产生了不同的影响。当增值税予以退还时，水电部门和石油部门从情景 Ⅰ 到情景Ⅲ其产量明显增加，而其他各部门的产量均有所下降，且下降幅度随着退税幅度的增大而增大。对于火电部门，由于水电对其的替代作用，其产量出现了

较为明显的下降，特别是在情景Ⅲ时，与基本情况相比火电产量下降 4.04%，价格
则出现小幅上涨，这种情况不利于火电的长期发展。而对于风电和光伏发电部门，
由于其与水电部门均属可再生能源部门，替代作用大于火电部门，因此，当水电
由于税收优惠政策部门产量增加时，如果其他的可再生能源部门没有相应的优惠
政策出台，这将会大大降低其他部门对其消费，从而降低其他可再生能源部门的
生产。而火电部门的主要初始能源输入为煤炭，根据各宏观部门间的相互传导作
用，使得煤炭部门产量降低，如情景Ⅲ，煤炭部门产量下降 0.83%，从而间接地对
煤炭的消耗和生产产生了一定的抑制作用。而煤炭作为其他高耗能部门的初始能
源，煤炭产量的降低对其他高耗能部门如金属冶炼、化工产品、制造业等部门也
产生了一定负面影响。而石油部门作为煤炭部门的替代部门，石油产品和煤炭有
较为直接的替代关系，因此当煤炭部门产量下降时，石油作为煤炭的替代产品，
消费量增加，部门产量增加。综上所述，水电增值税退税政策的实施能够很大程
度上发展水电部门，对煤炭、火电等高耗能部门有一定的抑制。

表 6-2　　水电增值税退税政策对各部门国内生产产量和商品价格的影响　　（%）

生产产量和商品价格 部门	情景Ⅰ		情景Ⅱ		情景Ⅲ	
	部门产量	价格	部门产量	价格	部门产量	价格
农业	−0.025	0	−0.042	0	−0.075	0
煤炭	−0.28	0	−0.46	0	−0.83	0.1
石油	0.089	0	0.148	0.1	0.265	0.1
金属冶炼	−0.03	0.1	−0.053	0.1	−0.096	0.2
轻工业	−0.03	0	−0.046	0	−0.074	0
化工产品	−0.03	0	−0.054	0.1	−0.098	0.1
制造业	−0.008	0	−0.012	0	−0.016	0.1
风电和光伏发电	−1.69	0.2	−2.72	0.3	−4.598	0.6
水电	1.24	0.2	2.015	0.3	3.439	0.6
核电	−1.24	0.2	−2.078	0.3	−3.758	0.6
火电	−1.34	0	−2.24	0.1	−4.040	0.1
交通运输业	−0.044	0	−0.074	0	−0.133	0
服务业	−0.058	0	−0.097	0	−0.1741	0

增值税退税政策的实施对各部门产品的价格也有一定的影响，特别是各能源部门产品的价格，如表 6-2 所示。当增值税予以退还时，与基本情景相比，各清洁能源以及可再生能源价格均有明显的提高，情景Ⅲ的增加幅度大于情景Ⅰ的增加幅度。由于自 2009 年后我国水电定价的主要方法是成本加成法，是按照水电投资额及年均发电量等指标单独核定上网电价，而增值税退税政策的实施在一定程度上增加了水电企业的发电量以及各部门对水电的消费量，如表 6-2 和表 6-3 所示，因此根据当前的水电定价方式，增值税的退还可以很大程度上提高水电上网电价，同时基于其他可再生能源部门对水电的替代关系，以及常替代弹性函数（CES 函数）的价格关系，其上网电价也有了一定程度的提高。增值税退税政策所带来的这种水电以及其他可再生能源的价格上升的变化趋势，可以很大程度地促进水电以及可再生能源的发展，有利于实现可再生能源的替代。

　　表 6-3 和图 6-1 显示了国家分别按照 3%、5%、9%的比例退还增值税时，各部门对水电消费量的变化情况。与基本情景相比，随着增值税退税力度的加大，各部门对水电的消费量也不断加大。因此，水电增值税退税政策可以大大促进水电企业的生产，增加水电企业消费量，特别是高耗能高污染行业中的水电消费量，如煤炭部门、石油、金属冶炼、化工产品、制造业以及交通运输业等部门，有利于清洁低碳经济的发展。

表 6-3　　　　　　　　水电增税退税政策对各部门水电消费量的影响　　　　　　　　（%）

部门＼情景	情景Ⅰ	情景Ⅱ	情景Ⅲ
农业	1.440	2.341	4.008
煤炭	1.645	2.692	4.665
石油	1.887	3.096	5.403
金属冶炼	1.724	2.821	4.895
轻工业	1.257	2.027	3.409
化工产品	0.603	0.925	1.392
制造业	1.038	1.691	2.904
风电和光伏发电	0.339	0.577	1.086
水电	3.045	4.994	8.695
核电	0.733	1.148	1.801

续表

部门 \ 情景	情景 I	情景 II	情景 III
火电	1.319	2.122	3.552
交通运输业	1.540	2.508	4.316
服务业	1.656	2.707	4.683

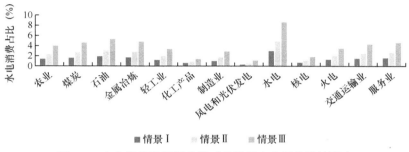

图 6-1 水电增值税退税政策对各部门水电消费量的影响

6.3 水电增值税退税政策对可再生能源替代的影响

水电增值税退税政策的实施有利于各能源价格的提高和各部门水电消费量的增加，对各部门的产出也有不同程度的影响，这里从退税政策的实施对各能源消费量有何影响、对可再生能源占比和我国的能源结构有何影响，以及是否有利于促进可再生能源替代进程这几个角度来分析水电增值税退税政策的可再生能源替代效应。

由表 6-4 和图 6-2 可知，水电增值税退税政策的实施大大增加了水电消费量、可再生能源消费量、清洁能源消费量，对煤炭、化石能源、火电的消费量产生了很大的抑制作用，其中对火电消费量的抑制作用最大，情景 I 与基本情景相比火电消费量降低了 1.427%，情景 III 与基本情景相比火电消费量降低幅度达到4.304%。这种情况主要是因为水电增值税退税政策的实施可以增加水电生产量和消费量，而由于各种电力间的替代关系，将降低火电消费量，从而对火电消费量有一定的抑制作用，加之煤炭消费量和生产量的减少，使得火电部门消费量较其他部门降低较多。可再生能源和清洁能源整体的消费量由于水电消费量的增加而有所增加，但是增幅均小于水电。而风电、光伏发电以及核电作为我国大力发展的清洁能源，其生产产量与国家政策有着较大的关系，风电和光伏发电和核电也由此生产弹性较大，因此在水电增值税优惠政策实施的情况下，风电和光伏发电、核电的消费量因水电的替代作用而出现大幅下滑。而水电增值税退税政策对石油消费量有一定的促进作用，由情景Ⅰ的0.126%增加到情景Ⅲ的0.379%，主要是由于与煤炭产品的替代效应引起的。

表 6-4　　　　　　　　水电增值税退税政策对各能源消费量的影响　　　　　　　　（%）

能源＼情景	情景Ⅰ	情景Ⅱ	情景Ⅲ
煤炭	−0.28	−0.474	−0.852
石油	0.126	0.21	0.379
化石能源	−0.032	−0.052	−0.093
火电	−1.427	−2.383	−4.304
清洁能源	0.875	1.421	2.425
可再生能源	1.118	1.82	3.118
核电	−1.341	−2.242	−4.054
风电和光伏发电	−1.816	−2.931	−4.949
水电	1.348	2.189	3.735
能源	−0.602	−1.007	−1.825

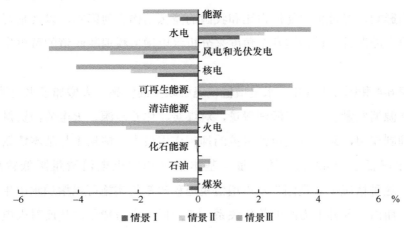

图 6-2　水电增值税退税政策对各能源消费量的影响

表6-5和图6-3～图6-6为不同情景下能源结构中所标的各种能源的消费占比，由于根据本文的研究内容和研究目的对 2007 年的投入产出表中各部门的细分和合并的方法与口径与国家统计局有所不同，因此这里用 CGE 模型所计算出的能源消费占比与国家统计局统计的有所不同，但本文旨在研究实施增值税退税政策对各能源消费占比和能源结构会产生怎样的影响，而非能源结构本身，因此这里所用的细分口径不影响本文的研究目的。基本情景时为增值税不予返还时的各能源的消费占比，由图表可知，煤炭在能源结构中仍占有主导地位，水电在各种清洁能源中的占比最大为 13.72%。当实施增值税退税政策时，由情景Ⅰ到情景Ⅲ，与基本情景相比，水电在能源结构中的占比明显增加，由 13.72% 增加到 14.18%。而风电和光伏发电以及核电由于水电的替代作用其消费占比均有所下降，但是下降幅度相对于水电的占比增长幅度不大。由表 6-4 可知，随着退税力度的加大煤炭的消费量也逐渐下降，与基准情景相比，情景Ⅰ煤炭消费量下降 0.28%，情景Ⅲ下降 0.852%，由表 6-5 可知，在煤炭消费量下降的情况下其在能源结构中的消费占比却稳中有升，从 51.49% 增加到 51.52%，见表 6-5，主要是由于其他可再生能源占比的下降所引起的。石油的消费占比则有明显的下降趋势。

　　非化石能源包括核电、风电和光伏发电以及水电，实施水电增值税退税政策之后，非化石能源在能源结构中的消费占比由情景Ⅰ的 16.46% 上升到了情景Ⅲ的 16.79%，上升了 0.33 个百分点，这种变化趋势符合提升我国非化石能源在一次能源中所占比例的目标，且水电的退税力度越大，我国非化石能源的比重提升便越多。相对于非化石能源，化石能源包括煤炭和石油在能源结构中的总占比从情景Ⅰ的 83.55% 下降到了情景Ⅲ的 83.21%，化石能源逐渐被包括可再生能源在内的清洁能源代替，因此水电的增值税退税政策有利于实现我国非化石能源目标，进而实现可再生能源替代。

表 6-5　　　　　　　　　水电增值税政策对能源占比的影响　　　　　　　　　（%）

能源＼情景	石油	煤炭	化石能源	核电	风电和光伏发电	水电	非化石能源
基本情景	32.06	51.48	83.55	1.65	1.09	13.72	16.46
情景Ⅰ	31.93	51.50	83.42	1.62	1.07	13.88	16.57
情景Ⅱ	31.85	51.49	83.35	1.61	1.06	13.99	16.66
情景Ⅲ	31.69	51.52	83.21	1.58	1.03	14.18	16.79

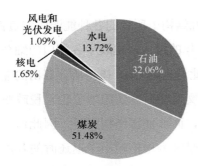

图 6-3 基本情景时的能源结构

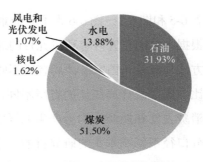

图 6-4 情景 I 时的能源结构

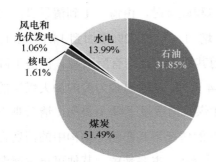

图 6-5 情景 II 时的能源结构

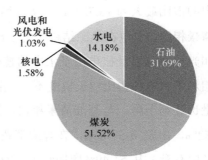

图 6-6 情景 III 时的能源结构

6.4 水电增值税退税政策对 CO_2 排放量的影响

水电增值税退税政策的实施不仅能够促进水电的发展,增加水电的发电量和各部门对水电的消费量,而且能够促进我国非化石能源的发展,减少对化石能源的消费量和产量,有利于我国可再生能源的替代。然而水电增值税退税政策在促进可再生能源替代的同时对我国 CO_2 的减排目标是否有贡献,以及贡献的大小还有待研究。

由于石油和煤炭的 CO_2 排放系数不同,这里单独分析了煤炭燃烧和石油燃烧产生的 CO_2 排放量。如表 6-6 所示,煤炭部门、石油部门、风力发电和光伏发电部门以及火电部门的石油 CO_2 排放量和煤炭 CO_2 排放量均显著降低,特别是火电部门的 CO_2 排放量,当退税率为 9% 时,火电部门对煤炭和石油的消费量大大降低,煤炭 CO_2 排放量和石油 CO_2 排放量也随之降低,分别降低 3.394% 和 3.409%,见

表 6-6，对 CO_2 排放量有一定的抑制作用。而金属冶炼部门、轻工业、化工产品、制造业等部门的 CO_2 排放量却有一定的上升，主要原因是这些部门的初始能源既有煤炭又有石油，虽然这些部门对煤炭的消费量有所降低，但是由于能源替代效应增加了石油的消费量，且这些部门的初始能源大部门以石油为主，因此其 CO_2 排放量也有所增加。

表 6-6　　　　　　　　水电增值税退税政策对 CO_2 排放量的影响　　　　　　　（％）

CO_2 排放量 部门	情景 I		情景 II		情景 III	
	煤炭 CO_2 排放量	石油 CO_2 排放量	煤炭 CO_2 排放量	石油 CO_2 排放量	煤炭 CO_2 排放量	石油 CO_2 排放量
煤炭	−0.399	−0.403	−0.665	−0.673	−1.199	−1.212
石油	−0.143	−0.151	−0.242	−0.255	−0.444	−0.467
金属冶炼	0.415	0.409	0.697	0.688	1.272	1.256
轻工业	1.587	1.582	2.672	2.663	4.904	4.888
化工产品	0.211	0.199	0.351	0.333	0.633	0.601
制造业	0.102	0.099	0.172	0.166	0.320	0.301
风电和光伏发电	−0.392	0	−0.392	0	−0.392	0
水电	2.969	2.936	4.993	4.938	8.907	8.876
核电	0.122	0	0.244	0	0.489	0
火电	−1.126	−1.130	−1.878	−1.887	−3.394	−3.409
CO_2 排放总量	−0.203	0.125	−0.339	0.214	−0.609	0.383
总体 CO_2 排放量	−0.078		−0.115		−0.226	

由表 6-6 可知，各部门的煤炭 CO_2 排放量随着水电增值税退税政策的实施均出现一定的降低趋势，各部门的石油 CO_2 排放量则出现一定上升趋势，这是由于各部门对石油消费量增加，使得由石油引起 CO_2 排放量也有所增加，但是总体的 CO_2 排放量由于煤炭 CO_2 排放量的减少而呈减少趋势。

因此，水电增值税退税政策在促进可再生能源发展、提高可再生能源占比、优化能源结构、实现可再生能源替代的同时，对 CO_2 排放量也有一定的抑制作用。这有利于我国发展绿色低碳经济模式，促进非化石能源在电网系统中的融入和渗透，同时实现我国碳减排目标和非化石能源在一次能源结构中的占比承诺。

本 章 小 结

通过建立能源-经济-环境的 CGE 模型，模拟了水电增值税退税政策分别在退税率为 3%、5%、9% 的三种情况下对我国各部门水电消费量、各部门国内产品产量、各部门产品价格、各部门对各种能源消费量、各能源的消费占比、CO_2 排放量的影响，得出以下结论，并给出相应的政策建议。

（1）实施水电增值税退税政策能够增加各部门对水电的消费量，退税力度越大水电消费量增加越多。对水电消费量的影响是水电增值税退税政策最直接的影响，增值税予以退还实际上大大降低了水电企业的财务成本，增加了水电企业额外收入，这在很大程度上刺激了水电企业的发展和建设，从而增加水电产量和消费量，达到激励水电发展、实现可再生能源在电网系统中融入和渗透的目的。

（2）水电增值税退税政策的实施降低了各部门生产，特别是煤炭部门和火电部门的生产，提高了各能源产品的价格。水电增值税退税政策的实施刺激水电企业的发展，增加水电企业的发电量和消费量，从而降低了其他替代能源的发电量和消费量，特别是火电的发电量和消费量。而火电企业的主要的初始能源投入为煤炭，从而降低煤炭的生产量和消费量。水电价格因水电的发电量和消费量的增加而上升，带动其他可再生能源价格的提升，对水电及其他可再生能源过低的上网电价这一现实问题有所改善。

（3）水电增值税退税政策能够提升非化石能源在能源结构中的占比，实现我国可再生能源替代。水电增值税退税政策的实施很大程度上降低了以化石能源为主要能源投入的能源部门如煤炭、火电等对煤炭的消耗，从而降低化石能源在能源结构中的占比，提升非化石能源在能源结构中的占比，实现可再生能源在能源结构中的渗透，实现可再生能源对化石能源的替代。

（4）水电增值税退税政策的实施有利于我国节能减排目标的实现。水电增值税退税政策能够很大程度上降低煤炭、金属冶炼、火电等以煤炭为主要能源投入的、高耗能高排放部门的 CO_2 排放量，特别是火电部门的 CO_2 排放量，有利于我国实现 2020 年单位国内生产总值 CO_2 排放量比 2005 年下降 40%～45% 的减排目标。

然而，目前我国可再生能源发电包括风电、光伏发电、水电、核电很大程度上依赖我国政府的优惠政策支持，因此在对水电实施增值税退税政策的同时，若其他可再生能源无相应的优惠政策，则这将很大程度地降低对其他可再生能源的消费和生产，从而不利于其他可再生能源的发展。因此，在大力发展可再生能源的同时，应配套相应的政府激励政策，从而更好地发展可再生能源，从而实现可再生能源的替代。

第7章 基于投入产出的区域间可再生能源发电经济效益评价

随着国家对能源需求增加与环保力度的不断加强，以及可再生新能源技术化和规模化发展带来的经济成本下降，新能源发电的经济性与实用性不断得到体现。一方面，中国政府制定的《中华人民共和国可再生能源法》《中国新能源发电分析报告》等文件中明确了对可再生能源发电的支持，为可再生能源发展提供了有利契机；另一方面，可再生能源发电成熟程度不仅可以促进清洁能源的升级、区域经济的发展，更直接体现了一个地区甚至一个国家的经济以及科技发展水平。但是近年来可再生能源发电普遍出现投资效益参差不齐的现象，其中风电遇到的难题就能很好地反映出可再生能源发电发展过程中的问题。风电机组创纪录增长，呈现"井喷"式发展，但部分企业过度预测市场发展速度，很多风电项目投入时并没有考虑其并网困难、市场的消纳能力等多种客观因素，导致出现投资过度；另外，风电机组长时间被限额发电，部分风电厂建成后无法接入系统，导致能源、人力和财力的多重浪费。透过现象究其本质，研究各区域的可再生能源发电技术经济效益具有重要的现实意义，也将有利于协调区域间的经济平衡发展，解决经济发展与环境污染的基本矛盾。

就我国目前可再生能源发展而言，在其运营的外在客观因素以及近年来我国经济转型发展和经济增速放缓的多重影响下，部分地区电力消费增速大幅下降。同时在全国电力消费情况不乐观的大环境下，可再生能源发电的消费空间自然也被压缩，造成大量的资源浪费，导致与节能环保的能源模式相悖。另一方面，大规模可再生能源发电并网的电力系统调度以及市场消纳具有很大的难度，而其经济效益又会直接影响可再生能源发电的总体资源优化配置结构。

风电作为典型的技术相对成熟的可再生能源发电,目前我国的新能源战略中已经明确了对其大力支持,我国未来的风电开发利用将重点依托于华北、东北、西北这三大风力资源丰富的地区;另外以风电为例,研究其经济效益基本思想就是通过优化风电资源配置达到最大的经济效果,恰好与 DEA 模型的投入产出指标选取要求一致。鉴于此,本章节以风力发电为代表,对其投资绩效测算作为突破点:通过构建风力发电的经济效益评价体系,利用超效率 DEA 模型和 Malmquist 指数从静态以及动态角度分别测算分析三北地区的风力发电经济效益,从而为各地区乃至全国调整风电规划架构和提高风电利用效率提供理论依据与建议。

7.1　投入产出效益评价指标体系

评价指标体系必须科学地、客观地、合理地、尽可能全面地反映影响体系评分的所有因素。一般来说,指标体系的建立有八项原则:目的性、科学性、系统性、可操作性、时效性、价值观、可比性、定性与定量相结合。基于上述原则,在运用超效率 DEA 模型分析时,一般选用成本消耗类指标作为输入指标,效益类指标作为输出指标,并且尽量满足投入最小化产出最大化的原则。基于上述考虑,本章实证研究的指标体系具体如下:

输入指标:风电总装机容量(x_1),机组平均利用小时数(x_2),风电平均从业人数(x_3)。其中总装机容量与风电平均从业人员可以反映该区域的风力发电开发规模,从侧面反映风电开发的经济运行情况;机组的平均利用小时数指的是一定时期内发电设备容量在满负荷情况下工作的运行小时数,表示发电厂发电设备的利用效率。输出指标:风力发电量,代表当地风能的发电水平。

为全面解读中国风电的发展现状,本章搭建详细的超效率 DEA 和 Malmquist 指数模型,由于部分年份数据缺失,本章选取中国三北地区 2009—2012 年风力发电的投入产出数据作为样本展开研究。原始数据来源于各期的《中国统计年鉴》《中国环境统计年鉴》《中国新能源发电分析报告》《能源统计年鉴》和《中国发电能源供需与电源发展分析报告》等。

7.2　DEA 模型及超效率 DEA 模型理论

数据包络分析（data envelopment analysis，DEA）方法，是一种评价具有多个输入与多个输出的部门（简称决策单元，DMU）之间的相对有效性（简称 DEA 有效）的一种方法，并且根据数学方法建立相应模型。该模型是通过将决策单元投影到 DEA 的生产前沿面上，并通过计算结果判断该决策单元是否为 DEA 有效。典型的 DEA 模型主要包括以下几个方面：

（1）决策单元。DEA 模型中的 n 个决策单元之间具有可比性，每个决策单元都有 m 种输入（表示该决策单元对资源的耗费）与 P 种类型的输出（表示决策单元在耗费了资源之后表明成效的一些指标）。对于每一个决策单元都具有相应的效率评价指数（通过权重的控制使其小于或等于 1），一般来说，该决策单元对应的效率评价指数越大就表明该决策单元越能够用相对较少的输入得到相对较多的产出。

（2）生产可能集。每个决策单元的 m 种输入指标与 P 种类型的输出指标之间都具有一定的函数关系模型，指标之间所有的可能活动结果构成 DEA 模型的生产可能集。

（3）具体模型。输入指标的权重向量为 $V = (v_1, v_2, \cdots, v_m)^{\mathrm{T}}$，输出指标的权重向量为 $U = (u_1, u_2, \cdots, u_p)^{\mathrm{T}}$，该决策单元的输入和输出向量分别为 x_0 和 y_0，建立的第 j 个决策单元相对有效的模型和对偶模型具体如下

$$
\begin{aligned}
&(P) \max V_{\mathrm{p}} = u^{\mathrm{T}} y_0 \\
&\text{s.t. } w^{\mathrm{T}} x_j - u^{\mathrm{T}} y_j \geqslant 0 (1 \leqslant j \leqslant n) \\
&\quad\quad w^{\mathrm{T}} x_0 = 1 \\
&\quad\quad w \geqslant 0, u \geqslant 0
\end{aligned}
\tag{7-1}
$$

$$
\begin{aligned}
&(D) \min V_{\mathrm{D}} = \theta \\
&\text{s.t.} \sum_{j-1}^{n} x_j \lambda_j + s^- = \theta x_0 \\
&\quad\quad \sum_{j-1}^{n} y_j \lambda_j - s^+ = y_0 \\
&\quad\quad \lambda_j \geqslant 0 (1 \leqslant j \leqslant n)
\end{aligned}
\tag{7-2}
$$

（4）有效性判断依据。若 $\theta^0 = 1$，且 $s^{0-} = 0$，$s^{0+} = 0$，则决策单元 j 为 DEA 有效，决策单元的经济活动同时为技术有效和规模有效；$\theta^0 > 1$，但至少某个输入

或者输出大于 0，则决策单元 j 为弱 DEA 有效，决策单元的经济活动不是同时为技术效率最佳和规模效率最佳；$\theta^0 < 1$，决策单元 j 不是 DEA 有效，即经济活动既不是技术效率最佳，也不是规模效率最佳。另外，如果存在 $\lambda_j (j = 1, 2, \cdots, n)$ 使得 $\sum \lambda_j = 1$，则判定 DMU 为规模收益不变；如果不存在 $\lambda_j (j = 1, 2, \cdots, n)$ 使得 $\sum \lambda_j = 1$，若 $\sum \lambda_j < 1$，则判定 DMU 为规模收益递增；如果不存在 $\lambda_j (j = 1, 2, \cdots, n)$ 使得 $\sum \lambda_j = 1$，若 $\sum \lambda_j > 1$，则判定 DMU 为规模收益递减。

但是在测算决策单元的有效性时，若出现多个决策单元均为 DEA 有效，即其值均落于生产前沿面上，经典的 DEA 模型将无法判断有效决策单元之间的效率高低。为了弥补上述缺陷，Andersen 和 Petersen 在 1993 年便提出了超效率 DEA 模型，该模型主要是测算被评价决策单元相对于其他决策单元的有效性，可以进一步比较有效决策单元之间的效率高低。由于超效率 DEA 模型是对 DEA 有效决策单元给出深入分析，所以在构建模型时，参考集不包括被评价决策单元本身，并且用该模型测算所得的评价值有可能大于 1。

超效率 DEA 模型如图 7-1 所示，以有效单元 E 为例来说明以该模型进行度量的基本思路。设原生产可能集 $DECF$ 为 P，从 P 中删除有效决策单元 E，将新产生的生产可能集 DCF 设为 P'，测算 E 到新的生产可能集 P' 的距离为 EE_1，该距离就是超效率值，而原本无效的决策单元，其有效生产前沿面依然是 $DECF$，其评价效果与传统的 DEA 模型测算结果保持一致。

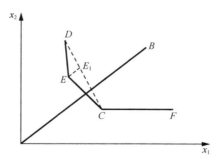

图 7-1　超效率 DEA 模型

现假设有 n 个决策单元，并且每个决策单元都含有 m 个输入和 P 个输出，其输入和输出数据分别是 (x_{mj}, y_{pj}) $(j = 1, 2, 3, \cdots, n)$，则对于第 $j_0 (1 \leqslant j_0 \leqslant n)$ 个决策单元

的超效率 DEA 模型线性规划对偶描述为

$$\min \quad \theta$$

$$\text{s.t.} \quad \sum_{\substack{j=1, \\ j \neq j_0}}^{n} x_{ij}\lambda_j + s_i^- = \theta x_{ij_0},$$

$$\sum_{\substack{j=1, \\ j \neq j_0}}^{n} y_{kj}\lambda_j - s_k^+ = y_{kj_0},$$

$$s_i^-, s_k^+, \lambda_j \geqslant 0, j = 1, 2, \cdots, n; \ i = 1, 2, \cdots, m; \ k = 1, 2, \cdots, p$$

(7-3)

θ 表示决策单元的超效率值, s_i^-、s_k^+ 分别表示投入指标和产出指标的松弛变量。当 $\theta \geqslant 1$, 且 $s^+ = s^- = 0$ 时, 表示决策单元有效, 在多投入与多输出的情况下, 取得最优的经济效率; 当 $\theta \leqslant 1$, 且 $s^+ \neq 0, s^- \neq 0$ 时, 则说明该决策单元无效, 说明投入过多, 可以通过式（7-4）来重新调整模型投入指标的量。

$$f_j = \theta \times y_j - s_{jj}^- \ j = 1, 2, \cdots, n$$

(7-4)

7.3　Malmquist 指数模型理论

Malmquist 指数可以进一步分解 DEA 模型计算所得的效率值, 利用该指数模型不仅可以考察不同决策单元的技术进步指数（TC）, 还可以将综合技术效率（TEC）深度剖析, 从而提供更多具有实际价值的分析建议与信息。距离函数是 Malmquist 指数构造的基础, 同时也是 DEA 模型理论中 CCR 模型与 BCC 模型效率值的倒数。假设存在 n 个决策单元, 而且每个决策单元在 t 时期都有 m 种输入, s 种输出, 则第 j 个决策单元在 t 期的输入指标值和输出指标值分别为 $x_j^t = (x_{1j}^t, x_{2j}^t, \cdots, x_{mj}^t)^T$ 和 $y_j^t = (y_{1j}^t, y_{2j}^t, \cdots, y_{mj}^t)^T$。

在规模报酬不变情形下, (x^t, y^t) 在 t 期和 $(t+1)$ 期的距离函数分别为 $D_C^t(x^t, y^t)$ 和 $D_C^{t+1}(x^t, y^t)$; 而在规模报酬可变的情形下, (x^t, y^t) 在 t 期和 $(t+1)$ 期的距离函数则分别为 $D_V^t(x^t, y^t)$ 和 $D_V^{t+1}(x^t, y^t)$。基于 t 期与 $(t+1)$ 期的技术条件, 从 t 期到 $(t+1)$ 期的技术效率的变化分别为 $M^t = \dfrac{D_C^t(x^{t+1}, y^{t+1})}{D_C^t(x^t, y^t)}$ 和 $M^{t+1} = \dfrac{D_C^{t+1}(x^{t+1}, y^{t+1})}{D_C^{t+1}(x^t, y^t)}$。

把上述两个表示生产率的 Malmquist 指数的几何平均值定义为综合生产率指

数 $M(x^t, y^t, x^{t+1}, y^{t+1}) = (M^t \times M^{t+1})^{1/2}$ 。同时，可以将综合生产率指数分解为 TC 和 TEC，后者又可以进一步分解为纯技术效率变化指数（TE）和规模效率变化指数（SE）的乘积，具体分解模型如下

$$M(x^t, y^t, x^{t+1}, y^{t+1}) = \frac{D_V^{t+1}(x^{t+1}, y^{t+1})}{D_V^t(x^t, y^t)} \times \left[\frac{D_V^t(x^t, y^t)}{D_V^{t+1}(x^t, y^t)} \times \frac{D_V^t(x^{t+1}, y^{t+1})}{D_V^{t+1}(x^{t+1}, y^{t+1})} \right]^{1/2}$$

$$\times \left[\frac{D_C^t(x^{t+1}, y^{t+1})/D_V^t(x^{t+1}, y^{t+1})}{D_C^t(x^t, y^t)/D_V^t(x^t, y^t)} \times \frac{D_C^{t+1}(x^{t+1}, y^{t+1})/D_V^{t+1}(x^{t+1}, y^{t+1})}{D_C^{t+1}(x^t, y^t)/D_V^{t+1}(x^t, y^t)} \right]^{1/2}$$

$$= \mathrm{TE} \times \mathrm{TC} \times \mathrm{SE}$$

Malmquist 生产力指数是衡量全要素生产率从 t 期到 $(t+1)$ 期的动态变化指数。当 $M > 1$ 时，表明期间内生产率呈上升的趋势，效率有一定程度的提高；当 $M = 1$ 时，表明期间内生产率以及效率均未发生变化；当 $M < 1$ 时，则表示生产率与效率均呈下降趋势。

TC 表示决策单元从 t 期到 $(t+1)$ 期生产前沿面的移动，代表生产技术变化的程度；TE 则表示在规模报酬不变的情况下，决策单元决策水平和生产力水平的高低情况；SE 表示决策单元规模变化对生产率以及技术进步的影响。若构成 Malmquist 指数的上述某一指数变化率大于 1 时，表明该指数推动综合生产率的提高，否则便是生产率下降的根源。

7.4　算　例　分　析

7.4.1　基于超效率 DEA 模型的投入角度分析

对各年鉴以及发展报告中的数据进行整理，得出中国 2009 年至 2012 年三北地区的面板数据，基于上一章节对超效率 DEA 模型的描述，运用 maxDEA6.0 软件从投入角度计算得出 2009—2012 年中国三北地区的风电投入产出综合技术效率，具体数据见表 7-1，另外，图 7-2 则直观地反映了中国三北地区风电投入产出的综合技术效率的变化情况。

如图 7-2 所示，两个图例均表示相应地区的投入产出效率，其中柱状图是为了

方便同一年三个地区的比较,折线图是为了方便同一地区不同年份的变化趋势比较。根据上表测算结果可以得出如下结论:①华北地区的投入产出综合技术效率值均为1,而东北与西北地区的综合技术效率值大部分年份均小于1(偏离前沿面),特别是西北地区偏离前沿面情况较为严重。一方面因为西北地区中部分地区(陕西、青海)的综合技术效率比较低,另一方面是因为目前风力发电存在电力负荷与风电供应逆向分布的现象,风力资源丰富的地区电网架构薄弱,该现象与中国新能源发电分析报告中的评价相一致。②从图 7-2 的三北地区的综合技术效率的变化趋势可以看出,相比较其他两个地区而言,华北地区一直比较平稳,达到技术有效;东北地区与西北地区相比,其变化波动相对较小,说明东北地区的投入产出效率相对稳定;西北地区变化波动大且效率值偏离有效值较远,说明西北地区风力发电的优化配置没有得到足够的重视,导致经济效益效率值偏低。

表 7-1　　　　　中国三北地区 2009—2012 年风电投入产出效率

年份	东北地区	华北地区	西北地区
2009 年	0.933791	1	0.758272
2010 年	0.980974	1	1
2011 年	0.944803	1	0.960243
2012 年	0.965441	1	0.785891

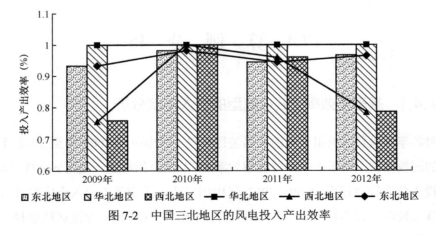

图 7-2　中国三北地区的风电投入产出效率

　　从投入角度来看,之所以产生 DEA 无效的决策单元,是因为在目前的产出水平下,投入指标未达到合理配置,部分投入指标投入量过大,成为无效投入,未能充分发挥其作用。因此对各个投入指标进行利用率分析尤为重要，该测算结果将为合理配置资源指明方向。鉴于超效率 DEA 模型的计算结果中除综合技术效率之外还包含了冗余量等信息，本章通过模型计算得到中国三北地区 2009—2012 年投入指标的冗余量，并且将扣除冗余量得到的投入量与初始投入量相比，所得值即是投入指标的利用效率，只保留两位小数，具体结果详见表 7-2。

表 7-2　　　　　　　2009—2012 年中国三北地区投入指标利用率　　　　（%）

地区	2009 年			2010 年			2011 年			2012 年		
	x_1	x_2	x_3	x_1	x_2	x_3	x_1	x_2	x_3	x_1	x_2	x_3
华北地区	100	100	100	100	100	100	100	100	100	100	100	100
东北地区	93.4	93.4	93.4	98.1	98.1	98.1	98.8	98.1	100	96.5	96.5	96.5
西北地区	75.8	75.8	75.8	100	100	100	97.3	95.7	97.3	78.6	78.6	78.6

从表 7-2 数据可知，单从区域上看，华北地区的投入指标达到了最优配置，东北地区的投入指标利用率也达到 95%左右，资源的配置相对稳定，但较华北地区而言有待进一步提高，而西北地区的投入指标利用率相对较低且不稳定。从变化趋势来看，华北地区与东北地区较稳定，而西北地区的变化浮动相对较大，其中 2009 年和 2012 年明显较低，分别为 75.8%与 78.6%，说明其资源的投入配置没有合理的方案。另外就三个具体的投入指标而言，华北地区和东北地区的权重设置相对合理，所有指标利用率相似并且达到充分利用，说明其对三个指标的重视程度较高，同时比例把握也相对精准，而西北地区则出现明显的利用率过低的情况，说明其对投入指标的投入程度把握不够准确，故应进一步加强各个指标的配置与重视程度。

为了进一步明确资源的最优配置，本章根据上述数据，采用 maxDEA 软件中的 CCR 模型计算三北地区风力发电的松弛变量均值，具体数值见表 7-3。

表 7-3　　　　　　　中国三北地区风力发电松弛变量均值

地区	s_1^-	s_2^-	s_3^-	s^+
华北地区	0	0	0	0
东北地区	0	−1047.37	−8.87961	0
西北地区	0	−968.325	−9.65989	0

基于上述评价结果以及原始数据，计算最佳投入量。本章以东北地区的决策单元为例，进一步根据第三章公式计算该地区投入指标在生产前沿面上的投影点。

$$f_2 = 0.965 \times 5501.496 + 1047.37 = 6356.31$$

$$f_3 = 0.965 \times 40.65 + 8.88 = 48.107$$

$$p = 150$$

另基于上述计算结果与原始数据可得

$$\Delta f_2 = 5501.496 - 6356.31 = -854.814$$

$$\Delta f_3 = 40.65 - 48.107 = -7.457$$

由上述计算结果可知，在目前的产出水平下，部分投入指标未能充分利用，要想达到 DEA 有效则需改变输入指标值，风电平均利用小时数减少 854.814h，风力发电平均就业人数减少 7.457 万人。

从数据上可以看出，要想达到 DEA 有效，需要减少风电的平均利用小时数。究其根源，从保证电网的架构以及运行安全的角度来看，适度的弃风是恰当而且必要的选择，但就目前风力发电情况来说，"三北"地区弃风情况较为严重，并且已经导致风电企业较大的经济损失。基于上述情况以及与节源模式相悖的计算结果，我国不应该继续采取减少风电平均利用小时数的方法来达到指标的有效性，而是需要进一步深入研究弃风的主要原因以及目前政府的辅助政策，提高风电的消纳能力，另外在技术上继续突破，使得风电能够持续健康发展。

7.4.2　基于超效率 DEA 模型的效率分析

综合技术效率可以分为纯技术效率（PTE）和规模效率（SE），其中纯技术效率（PTE）是指在一定规模下，通过制度完善和管理水平提高所带来的一系列效率的提高。规模效率（SE）则是指在一定的制度和管理水平下，现有规模和最优规模对指标有效性影响的差异。本书利用 maxDEA 软件，分别计算了三北地区的纯技术效率（PTE）和规模效率（SE），具体数据见表 7-4。

综合技术效率=纯技术效率×规模效率，从表 7-4 的计算结果可以看出：三北地区的纯技术效率都达到 1，说明在三北地区的风力发电模式中，其制度与管理模式达到有效，三北地区综合技术效率产生差异的主要原因是规模效率的不同。东北地区和西北地区中规模效率的低下和不稳定造成了其综合技术效率的波动，由此可以得出在当前技术条件下，相应地区应该适当调整当前的发展规模。综合分析可以得出，进一步促进区域风电规模调整以及结构重组，同时进一步加强各区域的风能利用效率以及技术水平是现阶段中国风能发电的两大重要任务。

表 7-4　　　　　　　中国三北地区 200—2012 年风电投入产出效率比较

地区	2009 年		2010 年		2011 年		2012 年	
	纯技术效率 PTE	规模效率 SE	纯技术效率 PTE	规模效率 SE	纯技术效率 PTE	规模效率 SE	纯技术效率 PTE	规模效率 SE
华北	1	1	1	1	1	1	1	1
东北	1	0.933791	1	0.980974	1	0.944803	1	0.965441
西北	1	0.758272	1	1	1	0.960243	1	0.785891

7.4.3　基于 Malmquist 指数的效率分析

本节利用软件 Deap2.1 来计算我国三北地区 2009—2012 年的综合技术效率变化、技术进步和全要素生产率变化，具体结果见表 7-5。

表 7-5　　　　　　　　我国三北地区的 TFP 指数分解

年份	华北地区			东北地区			西北地区		
	Effch	Techch	Tfpch	Effch	Techch	Tfpch	Effch	Techch	Tfpch
2009—2010 年	1	1.511	1.511	1.051	1.291	1.356	1.319	1.012	1.334
2010—2011 年	1	1.425	1.425	0.963	1.215	1.17	0.96	1.029	0.988
2011—2012 年	1	1.227	1.227	1.022	1.117	1.141	0.818	1.058	0.866

分析表 7-5 数据可以得出：

（1）从全要素生产率变化（Tfpch）方面来看，2009—2012 年，华北地区和东北地区的 TFP 增长率分别为 38.8% 和 22.2%，其中技术效率变化分别为 0 和 1.2%，技术进步率分别为 38.8% 和 20.8%，技术进步以及技术效率对 TFP 的增长都有促进作用，但是技术进步率的作用显然大于技术效率的作用。另外，西北地区相对于另外两个地区而言，其 TFP 增长率明显较小，只有 6.6%，其中技术效率变化率为 3.2%，技术进步率为 3.3%。可以看出，造成西北地区 TFP 增长率较低的原因主要是技术进步指数较小，说明西北地区对技术进步的重视程度远不如其他两个地区，应在今后的发展中提高其重视程度。

（2）从技术效率变化率（Effch）方面来看：华北、东北、西北该三北地区的平均技术效率变化分别为 0、1.2% 和 3.2%，说明华北地区相对于其他两大地区，其在先进技术的引进以及管理水平的提高方面保持着相对较高的水平，但就西北地区而言，其在 2010—2012 年，技术效率值小于 1，是导致生产率水平降低的主要原因。

（3）从技术进步变化（Techch）方面来看，华北地区与东北地区的技术进步变化远远大于西部地区，主要是与华北地区以及东北地区的经济质量有关。另外从各年数据可以看出，三大区域 2009—2010 年的技术进步变化率相对于另外几年普遍较高，主要是因为在 2007 年经济危机之后，各个区域只有不断提高技术，加大研发力度，才能改善萎缩的市场，从而出现了一个技术进步变化明显的转折。

本 章 小 结

本章采用超效率 DEA 模型和 Malmquist 指数评价并比较中国三北地区风力发电的投入产出经济效益，采集了相应的风力发电经济指标数据，分析了其风力发电的 DEA 有效性、技术效率以及全要素生产率等，得到如下结论：

（1）从风电利用效率来看，由于我国风力资源集中在三北地区并且远离负荷中心，同时资源地市场规模小，难以就地消化，导致风电平均利用小时数的利用效率较低。基于上述现象，若单纯建设远距离输电通道来输送风电往往不经济，应充分结合送收两端资源开发和负荷分布等情况，因地制宜地采取不同资源配合打捆输送等方式，提高输电通道的利用效率，从而进一步扩大风电消纳范围，提高风电利用效率。

（2）从规模收益效率来看，东北地区和西北地区风力发电投入产出的效率均偏低，主要是由于规模效率的影响，其中西北地区影响最为明显。该现象说明目前风电场工程规划存在一定的不合理，偏重于资源规划和风电场建设规划，缺乏配套输电规划，从而造成目前中国各区域的风能发电规模收益效率普遍偏低，进一步造成了综合技术效率偏低。

（3）从全要素生产效率指数看，基于上述对三北地区的技术效率指数、技术进步指数的测算结果，西北地区的全要素生产指数偏低主要是由于技术进步指数较低，相对于另外两大区域，其对技术进步指数的重视程度不够。另外数据显示，东北地区与西北地区的技术效率指数均低于 1，是造成当年全要素生产效率指数偏低的主要因素。根据我国风能发电的实际情况，各区域应该加大研发力度，从而使得在技术上能够得到进一步突破；同时我国势必要发挥各地区自身的优势，健全选择建造风电厂的标准，合理建立风电场并辅以相应的政策性补贴，加强技术改造以减少风电弃风现象，协调各地区共同提高风能的综合利用效率。

上述对于风电的相关政策意见同样适用于其他可再生能源发电，在运用新能源发电的过程中应该借鉴风电发展进程中所遇到的技术难题以及政策难题，举一反三，从而使得整个可再生能源的发展有一个明朗的方向。

第8章　政府调控下可再生能源发电绩效评价的系统动力学模拟

上一章主要是采用中国三北地区 2009—2012 年相应数据，以风电为例，利用超效率 DEA 和 Malmquist 指数模型对其投资效益进行测度和比较，该模型一方面具有无需直接对数据进行处理计算的优点，决策单元的指标有效性与投入、产出指标的量纲选取无关；另一方面也无需进行权重假设，主要以各个决策单元的实际输入输出数据求取权重，因此排除了很多主观因素，具有强客观性。但是由于该模型受数据的约束较大，数据的完整性以及数据量对结果的影响非常大，给后续的研究造成了一定的障碍。同时目前就绩效评价还存在着其他一些问题，主要集中在以下几个方面：

（1）主要针对可再生能源发电技术经济效益进行静态分析和比较，尚未涉及动态演化特征和差异分析。

（2）对可再生能源发电发展的能源支撑体系以及政府行为的研究较少。

（3）未能将影响绩效的多方面因素的综合作用体现出来。

综上，可再生能源发电的绩效研究要解决经济、环境、技术、能源等多个维度耦合的问题，离不开能源的规划调整，离不开政府的调控与支持，也离不开技术上的不断创新。考虑到其是一个循环系统，恰好系统动力学（system dynamics，SD）在分析循环系统的发展上有其独特的优势。因此本章节基于上述考虑，采用了系统动力学建立 SD 模型来分析可再生能源发电的经济效益，为了和上一章研究内容有进一步的比较，同样选取风电作为基本案例，基于系统动力学视角搭建风电发展的能源、环境、经济支撑体系，对风电进行绩效评价研究，同时从社会发展的主导者-政府出发，分析其在风电发展中的行为能力，从而衍生到整个可再生能源发电，并提出相关策略。

8.1　系统动力学理论

8.1.1　系统动力学原理

系统动力学是基于解决分析生产管理、库存等实际问题应运而生的一种系统仿真，1958 年由福瑞斯教授提出。一方面，该理论有助于认识并解决系统问题，深入分析系统内部的信息反馈问题；另一方面，其可以结合管理科学、自然科学等众多领域的内容来发展成为综合性交叉学科。从原理上来看，系统动力学在系统论的基础上，统一结构、功能等各方面的方法，汲取信息论、控制论等相关理论的共同点和灵魂部分，灵活运用"结构决定功能，内容升华主体"的思想，排除一些浮华的外部干扰因素，透过现象直击本质，深入内部结构寻求问题的根源，更是根据系统内部各要素之间具有作用与反作用的特点，找出影响整个系统发生变化的主要因素。

从上述根据系统动力学来解决问题的大体思想可以看出，系统动力学很好地延续了系统论的精髓。一方面它认为系统内部的各种要素之间都存在着因果关系，并且正是由于这些因果关系构成了系统的反馈环，即从系统本身输出结果的变化来研究系统内部导致结果变化的各类要素，很好地排除了外界的干扰因素。另外要素之间的因果关系也构成了整个系统的骨架，正是这个骨架结构的一步步发展与完善成为系统行为结果的决定性因素。

总的来说，系统动力学是一个为完善内部主体结构而一步步探寻最优的过程，在这过程中，主要是为了获得完备的系统功能、稳健的系统结构，从而在研究中运用该系统结构就能分析整个系统的行为能力，判断系统的功能。一般来说，整个寻优的过程可以被称为决策的优化，包括参数优化、结构优化、边界优化等等。其中参数优化是通过设计变量的改变来使得设计结果不断接近系统结构设定的目标，其中设计变量一般取结构中较为敏感的量；结构优化是从系统的主体架构上来寻求更优的平衡；边界优化，则深刻地反映了"内容提升功能"的思想，即从系统边界的约束条件来寻求使得整个系统结构改善的行为。但是系统动力学主要是根据上述优化来寻求整个系统的较优结构，具体过程是把系统看成是一个环环相扣的循环反馈机制，并且把进一步剖析之后得到的重要信息进行重组、转换，建立反映整个系统主要流程的因果关系反馈图，同时也将之转化成系统流图，建立一个完整的系统动力学模型，最后加入计算机仿真模拟的辅助，来完成整个系统的工作。

8.1.2　系统动力学基本概念

运用系统动力学解决的问题通常是一个循环反馈系统，系统内各要素之间有着各种联系，故本节内容对运用系统动力学解决系统问题的过程中出现的一些比较重要的概念做出解释，以便展开后续内容的研究。

（1）系统。系统是指一个由相互区别且又相互作用的各个部分有机地结合在一起，并为同一个目的完成某种功能的集合体。

（2）反馈。反馈分为系统内子块反馈和大系统反馈，前者主要是指子块的输出与统一单元中的输入或者其他子块的输入之间的关系，后者是指系统的输出结构与系统内部所要研究的对象之间的关系。

（3）反馈回路。反馈回路指的是系统或者系统内子块的输出对相应系统内输入做出反馈的路径。

（4）反馈系统。反馈系统是指包含反馈回路和系统内部由该输入与输出组成的路径所组成的闭合回路，总之是一个寻求系统输出与输入之间取得平衡的系统。图8-1库存订货控制系统可以更为深刻地理解上述几个内容。

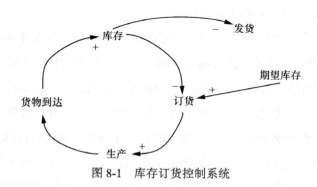

图 8-1　库存订货控制系统

（5）因果回路图。因果回路图是由多个有向箭头以及主要敏感变量组成，是为了更直观地表示系统内部各个主要结构变量之间的相互因果关系，以及这些变量对整个系统的反馈作用。即因果关系图就是系统的骨架，是反映系统反馈关系的重要工具。

（6）因果链极性。每一条因果链都是由两个具有直接因果关系的变量组成，由因指向果，同时方向末端标有代表这两个变量之间关系的标号，其中正号表示两个变量之间的变化趋势相同，负号表示两个变量之间的变化趋势相反。具体如图 8-2 所示。

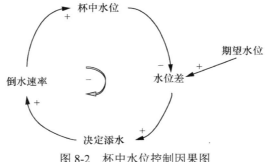

图 8-2　杯中水位控制因果图

（7）反馈回路的极性。整个反馈闭回路的极性是由整个回路中的各个因果链的极性决定的，正反馈回路表示整个反馈回路的作用是为了增强该输入与输出之间的效果，负反馈则是使得整个系统趋于稳定。

（8）确定回路极性的方法。如果整个反馈回路包含偶数个负的因果链，则其极性为正，否则极性为负。

（9）系统流图。用反馈回路中的各个状态变量以及变化率变量来构成的模型，并且该模型可以直观地反映出两种变量之间的关系。

（10）状态变量。又称水平变量，表示事物的积累，更直观地可以理解为仓库中的库存量，库存量的值是存入仓库与搬出仓库的货物的净差额。

（11）速率变量。即变化率，主要表示相应水平变量的变化快慢，该值在模型模拟中通常直接由一个给定的常数表示，但在实际的应用中，变化率是随着时间的推移，环境的改变而不断改变的。

（12）状态变量以及速率变量的符号标识。状态变量相当于一个仓库，用矩形表示，具体符号中应包括有描述该状态变量的名称；速率变量则用阀门表示，含义相当于水流速度，由皮管控制，相应也包括变量名称、速率变量控制的流线和流入量。具体如图 8-3 所示。

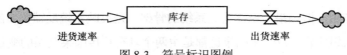

图 8-3　符号标识图例

（13）平滑。其目的是排除在分析过程中一些随机因素的干扰，从而能够更加准确地找出真实事物的发展趋势。例如通常情况下决策者一般会对销售信息求出一段时间内的平均值来做出决策，从而避免直接根据销售信息做出决策带来的不确定性。

8.1.3　系统动力学分析步骤

通过上两节内容对系统动力学理论以及相关概念做出的详细介绍，可以得出应用系统动力学分析问题的一般步骤为：

（1）发现问题，从繁杂信息中准确找出所要研究的对象。

（2）明确对象后，确定约束系统的边界条件。

（3）了解各个因素之间的因果关系，并以此建立因果关系反馈图，同时转成流图。

（4）根据因果关系图写出相应的方程。

（5）辅助计算机语言仿真计算，给出合理建议、决策等，即根据系统结构寻求最优的系统行为。

系统动力学过程如图 8-4 所示。

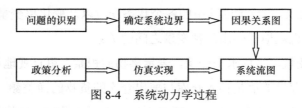

图 8-4　系统动力学过程

8.2　政府调控下可再生能源发电绩效评价的因果关系分析

8.2.1　政府调控下可再生能源发电绩效评价的系统动力学特点

在实际研究中，会遇到类似于投资效果、环境污染、信息传递等问题，该类问题都具有较长的延迟效应，因此处理问题就必须从动态角度而非静态角度出发。另外一些问题中不仅仅存在着定量的东西，还存在着如价值观念等偏于定性的东西，这就给研究带来了巨大的困难。新的问题迫切需要有新的方法，并且由于电子计算机技术的突破使得新方法的产生成为可能，系统动力学就应运而生。

系统动力学（SD）关注系统的反馈控制结构及其系统功能、行为的动态关系，是一种定性与定量研究相结合来解决复杂问题的系统方法。它是在总结运筹学的基础上，为适应现代社会系统的管理需要而发展起来的，并且不是依据抽象的假设，而是以现实世界的存在为前提，不追求"最佳解"，而是从整体出发寻求改善系统行为的机会和途径。仅从技巧上来说，系统动力学并不是依靠数学逻辑的推演而获得的，而是依据对系统实际的观测信息建立动态的仿真模型，对于解决实际的问题高效、准确。总之，它综合了系统论、反馈控制论、决策论、计算机仿真及系统分析方法，并强调以系统思考的方式来解决问题，通过循环系统中因果反馈关系描述其复杂性，并由动态模型模拟实际问题。

政府调控下风电绩效评价的过程涉及需求侧、发电侧、电网侧等方面，通过电力需求、风力发电量、发电成本控制、电网输电、政府激励、社会经济效益等要素相互影响来产生风电效益。因此，政府调控下风电的绩效评价是一个动态反馈过程，具有显著的系统动力学特征。

8.2.2　政府调控下可再生能源发电绩效评价的因果关系

在政府激励以及发展可再生能源发电的能源支撑体系参与的背景下，系统中各要素之间的传递和反馈关系随之变得相对复杂。根据系统目标，将系统按需求侧、发电侧、电网侧进行区域划分，每个区域中包含不同子系统。由于各子系统之间的关系错综复杂，并且内部各因素之间也相互关联，所以只提取其中的关键因素，基于系统动力学的原理构建政府调控下可再生能源发电绩效动态评价因果关系回路如图 8-5 所示。

图 8-5 回路中各箭头侧的"＋""－"号分别代表正反馈和负反馈，并且各回路均从社会经济效益出发，由经济效益的增长引致电力需求和风电资金投入的变化，并通过发电侧以及电网侧的响应最后反馈至社会经济效益。主要反馈关系如下：

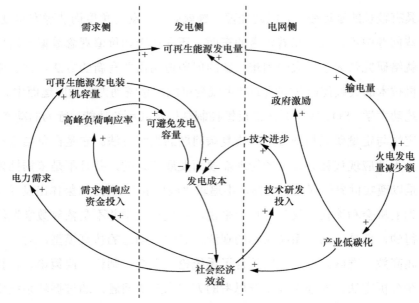

图 8-5 政府调控下可再生能源发电绩效动态评价因果关系回路

（1）社会经济效益增长→＋电力需求→＋可再生能源发电装机容量→＋可再生能源发电量→＋输电量→＋火电发电量减少额→＋产业低碳化→＋社会经济效益增长。

（2）社会经济效益增长→＋需求侧响应资金投入→＋高峰负荷响应率→＋可避免发电容量→－发电成本→－社会经济效益增长。

（3）社会经济效益增长→＋技术研发投入→＋技术进步→－发电成本→－社会经济效益增长。

8.3   政府调控下风电绩效评价 SD 模型构建

8.3.1   政府调控下可再生能源发电绩效动态评价流积图

基于图 8-5 所示的各要素之间的因果关系，构建政府调控下可再生能源发电绩效动态评价的 SD 结构图，具体如图 8-6 所示。由于每个区域模块包含多个子模块，现将各区域模块划分见表 8-1。

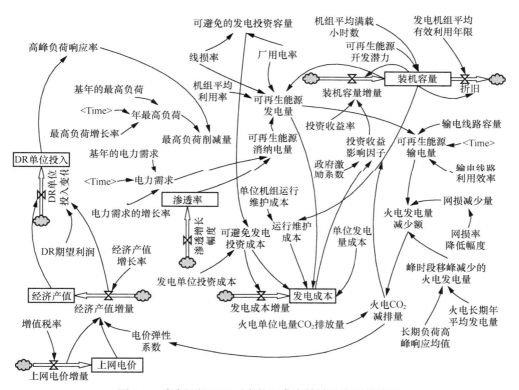

图 8-6　政府调控下可再生能源发电绩效动态评价流图

表 8-1　　　　　　　　　　　　　　流积图模块划分

区域模块	子模块
需求侧	负荷模块、经济发展模块
发电侧	生产模块、发电成本模块
电网侧	能源输送模块、减排模块

8.3.2　政府调控下风电绩效动态评价系统关系函数

根据上述模块分类，各模块动态关系函数具体如下：

（1）需求侧负荷模块。负荷模块主要描述电力需求以及需求侧的负荷管理，负荷管理通过需求侧响应（demand response，DR）以及一些技术方法将用户的电力需求从电网负荷高峰期削减，而需求侧响应又取决于需求侧的单位投入。本模块中各要素间的具体函数关系如式（8-1）～式（8-4）所示：

$$\alpha = IF\ THEN\ ELSE(S>0, 0.002 \times S / 1000 + 0.003, 0) \tag{8-1}$$

$$F_{\max} = F \times (1 + \beta)^{(Time-2012)} \tag{8-2}$$

$$\Delta F_{\max} = F_{\max} \times \alpha \tag{8-3}$$

$$D = D_b \times (1 + h)^{(Time-2012)} \tag{8-4}$$

式中　　α——高峰负荷响应率；

　　S——DR 单位投入；

　　$F_{\max}$——年最高负荷；

　　F——基年的最高负荷；

　　β——最高负荷增长率；

　　$\Delta F_{\max}$——最高负荷削减量；

　　D——基年的电力需求；

　　h——电力需求的增长率。

　　$IF\ THEN\ ELSE(a,b,c)$ 是一个条件函数，当 a 成立时，取值为 b，当 a 不成立时，取值为 c。式（8-1）指 $S > 0$ 时发生响应，α 为 $0.002 \times P_{DR} / 1000 + 0.003$，其中 0.002 和 0.003 由试验模拟数据得到，P_{DR} 为 DR 电价。

　　（2）需求侧经济发展模块。该模块主要描述了发电上网电价以及经济产值增长对需求侧经济的影响，这些影响不仅会左右经济效益的发展动向以及 DR 投入，也会进一步影响需求侧的负荷响应。本模块各要素间函数关系具体为

$$\Delta I = DELAY1(I \times (v - \Delta P / P \times d), \Delta t_1) \tag{8-5}$$

$$\Delta S = IFHEN\ ELSE\left(\Delta I > M, (IF\ THEN\ ELSE\ I \geqslant 0, 100, -100), -100\right) \tag{8-6}$$

$$S = INTEG(\Delta I, 1000) \tag{8-7}$$

式中　　ΔI——经济产值增量；

　　I——经济产值；

　　v——经济产值增长率；

　　ΔP——上网电价增量；

　　P——上网电价；

d ——电价弹性系数；

ΔS ——单位投入变化；

M ——DR 期望利润；

$DELAY(a,b)$ ——系统动力学中的一个延迟函数，表示对变量 a 做延迟处理，延迟时间为 b；

$INTEG(a)$ 函数——一个积分函数。

（3）发电侧风电生产模块。可再生能源生产模块主要描述发电侧的可再生能源发电、装机容量和消纳状况，可再生能源发电消纳能力的高低取决于其渗透率和需求侧的负荷水平，而可再生能源发电消纳能力以及政府调控、电力需求又将影响可再生能源发电量和装机容量的增加。该模块各要素间的函数关系为

$$L = IF\ THEN\ ELSE(T \times Z > D \times (1 + \gamma + \omega) + D_{\mathrm{f}},$$
$$D \times (1 + \gamma + \omega) + D_{\mathrm{f}}, T \times Z) \tag{8-8}$$

$$B = IF\ THEN\ ELSE(Q > L / T,\ L / T,\ Q) \tag{8-9}$$

$$\Delta B = \theta \times \phi \times B \tag{8-10}$$

$$C = \Delta F_{\max} \times (1 + \gamma + \omega) \tag{8-11}$$

$$D_{\mathrm{f}} = D \times f \tag{8-12}$$

$$\lambda = L / N \tag{8-13}$$

式中　L ——可再生发电量；

T ——机组平均利用率；

D ——电力需求；

γ ——线损率；

ω ——厂用电率；

D_{f} ——可再生能源消纳电量；

B ——装机容量；

Q ——可再生能源开发潜力；

ΔB ——可再生能源机组增量；

θ ——投资收益率；

C ——可避免的可再生能源投资容量；

ΔF_{max} ——最高负荷削减量；

    f ——渗透率；

    λ ——折旧率；

    N ——发电机组平均有效利用年限。

（4）发电侧发电成本模块。经济发展模块描述了发电上网电价增加和发电成本的浮动对社会经济发展的影响，以及需求侧技术进步带来投资成本减少的因果关系。上网电价的变化通过电价弹性系数以及部门经济产值增长率来影响社会经济产值，而经济产值又将进一步推动 DR 投入和电力需求的开发。本模块各要素之间具体函数关系如下所示

$$C_b = C_d \times C \tag{8-14}$$

$$Y_b = Y_d \times B \tag{8-15}$$

$$P_b = P_d \times L + Y_b + C_b \tag{8-16}$$

$$\Delta P_b = \Delta B \times P_d \tag{8-17}$$

$$\Delta W = DELAY2\left[\Delta P_b \times (1 + l), \ \Delta t_2\right] \tag{8-18}$$

式中 C_b ——可避免发电投资成本；

    C_d ——发电单位投资成本；

    Y_b ——运行维护成本；

    Y_d ——单位机组运行维护成本；

    P_b ——发电成本；

    P_d ——单位发电成本；

    ΔP_b ——发电成本增量；

    l ——增值税率；

    Δt_2 ——上网电价响应延迟时间。

（5）电网侧能源输送模块。能源输送模块是连接发电模块以及需求模块的桥梁，具体描述了能源输送数量以及输送效率之间的因果关系，其中可再生能源发电量以及相应的输送损耗是决定模块中输送量以及输送成本的关键因素。本模块各要素间具体的函数关系如下所示

$$Z = IF\ THEN\ ELSE(R \times \tau \times 8760 > L / (1 + \kappa),$$
$$L / (1 + \kappa), R \times \tau \times 8760) \tag{8-19}$$

式中　Z——输电量；

　　　R——输电线路容量；

　　　τ——输电线路利用效率；

　　　κ——输电线损率。

（6）电网侧减排模块。减排模块从可再生能源发电的环境效益出发，描述了低碳发展大背景下风电替代传统能源发电的能力以及 CO_2 排放量的减少。本模块各要素间的具体函数关系如下所示

$$H = Z + \Delta H + \Delta J \tag{8-20}$$

$$E = E_d \times H \tag{8-21}$$

$$\Delta J = L \times \Delta J_f \tag{8-22}$$

$$\Delta H = \alpha \times H_p \tag{8-23}$$

式中　H——火电发电量减少额；

　　　ΔH——峰时段移峰减少的火电发电量；

　　　E——火电 CO_2 减排量；

　　　E_d——火电单位 CO_2 排放量；

　　　ΔJ——网损减少量；

　　　ΔJ_f——网损率降低幅度；

　　　H_p——火电长期年平均发电量。

8.4　政府能源行为能力与可再生能源发电动态绩效评价

政府能源行为主要是指政府在能源规划利用方面的具体行为，主要目的是谋求社会、经济、环境等效益最大化，对目前国家倡导的新能源发电影响深远。可再生能源发电出现了一系列经济效益欠佳、资源浪费等现象，其发展离不开政府的调控。

可再生能源发电绩效评价旨在解决在可再生能源发电的发展过程中如何提高能源配置效率的问题，因此需要充分发挥政府的主导作用，政府应该就目前可再生能源发展现状制定相应的能源决策、能源监管以及能源消费等政策，协调可再生能源发电各个子系统之间的用能关系。具体可从以下几个方面进行分析：

（1）制度完善。我国政府曾对可再生能源发电制定过发展规划，国家发展和改革委员会、科技部和国家电力公司都颁布过有关可再生能源发展的相应制度，但是没有对可再生能源在整个电力系统中的地位与作用进行明确的定位，导致政策有失针对性，很难从根本上保证政府规划的顺利实施。就目前发展状况而言，政府应该针对可再生能源发展出现的问题有效完善制度体系，为可再生能源的发展以及经济效益的评价体系提供一个相对完整的制度环境。

（2）经济支持。若不考虑非常规能源的环境成本，目前大部分新能源产品的成本高于常规能源产品的成本，包括风力发电，在与火电进行竞争时，成本上仍然处于劣势，加上可再生能源发电产业的技术要求相对较高，资金密集度大，因此政府既需要对这一行业做出技术规范，也需要对其经济支持制度进一步完善。另外，可再生能源发电是未来能源发电的发展方向，在受到自然资源和市场风险双重制约的情况下，更需要倡导政府行为，即政府投入与协调是主要的。目前政府主要采取财政补贴政策和优惠税率以及价格优惠等常见的经济激励措施，短时间内对可再生能源发展的促进作用较为明显，但从可再生能源发电的长期可持续性发展来看，还需要结合目前可再生能源发电出现的问题，全面加强政府对可再生能源发展提供的经济支持。

（3）技术支持。除了利用上述制度和经济从总体上推动可再生能源发电发展支持以外，政府应该在发电技术上给予强有力的扶持。据中国可再生能源发电及电价发展研究报告数据显示，电网和中国政府对可再生能源发电的政策性补贴力度逐年加大。由此可见，政府政策鼓励可再生能源发电发展。尽管如此，由于技术开发能力和管理水平的限制，目前中国可再生能源发电企业的盈利仍然微薄，单单依托政府的制度以及经济支持还不够，需要从技术上做进一步的改进。

8.5　算　例　分　析

8.5.1　参数设定

为深入探讨可再生能源发电的绩效评价，结合第七章案例（以风电为例），基于我国风电发展的实际情况，SD 模型中一部分参数由实际资料得到，但另外小部分参数则需要根据参数的性质，选定不同类型的公式按比例推算，或者根据相关政策规划以及国外经验合理推算。为此本章节基于我国风力发电现状和电网规划展望，结合《中国发电能源供需与电源发展分析报告》《中国新能源发电分析报告》《中国电力统计年鉴》等规划性文件，同时参考国内外相关研究数据，对上述 SD 模型参数进行设定，具体见表 8-2。

表 8-2　　　政府调控下风电绩效动态评价的 SD 模型参数设定

评价维度	参数	设定数值	单位	属性
需求侧	F	222524000	kW	初始值
	β	0.0801	—	投资比例
	D	98.71	亿 kW·h	初始值
	h	0.0837	—	投资比例
	P	0.54	元/（kW·h）	初始值
	M	0.3	元/（kW·h）	对比基值
	ν	0.08	—	其他
发电侧	μ	3800	h	时间
	γ	0.0628	—	投资比例
	ω	0.0679	—	投资比例
	T	0.7	—	投资比例
	θ	0.025	—	投资比例
	z	130	—	其他
	N	30	—	时间
	Y_d	3	元/（kW·h）	基准值
	P_d	0.426	元/（kW·h）	初始值
	C_d	6.53	元/（kW·h）	初始值

续表

评价维度	参数	设定数值	单位	属性
发电侧	l	0.0389	—	投资比例
	Q	15	GW	初始值
	f	1.1	—	初始值
	Δf_f	0.01	—	投资比例
电网侧	τ	0.75	—	投资比例
	κ	0.087	—	投资比例
	E_d	0.997	kg/（kW·h）	其他
	ΔJ_f	0.072	—	其他
	H_p	83.9	亿 kW·h	初始值
	∂	0.037	—	其他
	R	6000000	kW	初始值

表 8-2 中，μ 为风电平均满载小时数；z 为政府激励系数；Δf_f 为风电渗透率增长幅度。另外，结合我国风电开发实际情况、电网规划以及国内外相关情况，本章节设定了 SD 模型中的相应函数。其中在需求侧和发电侧，分别设定"电价弹性系数调整表"和"投资收益影响因子表"，具体如图 8-7、图 8-8 所示。

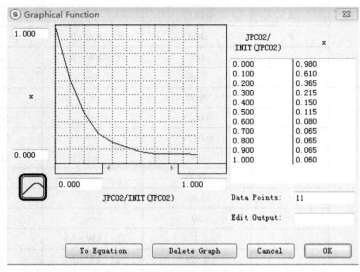

图 8-7　电价弹性系数调整表

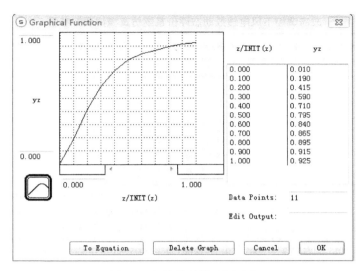

图 8-8 投资收益影响因子表

基于上述模型的参数设定，本章节设置 STELLA 软件所提供的检验模型，并且运用检验功能验证了该模型的正确性和有效性，所建模型可以用来仿真模拟。

8.5.2 政策模拟

为了进一步深入研究政府调控对风力发电的影响，增强系统中政府决策的支持作用，本章节通过变换模型中相关的重要参数来模拟不同的经济支持与政策因素情况下的仿真结果，从而为风电发展以及风电绩效评价提供有力的支持依据。同时考虑到政府调控对风电绩效的时间影响性，设 SD 模型的时间边界为2005—2035 年共 30 年，为了确保电价、经济产值等因素能够长时间对风电绩效进行调整，时间分辨率必须足够小，设模型的时间步长为 0.5。

（1）保持目前发展状况不变，不采取任何措施。

（2）加大科技支持力度，降低输电网损。

（3）加大政府政策调节力度，提高激励系数。

（4）设定经济发展为高速发展模式，加大经济产值增长率，减小增值税率。

（5）综合方案，加大科技支持力度，也提高政府调控水平，同时加强经济支持。

方案的具体参数选择详见表 8-3。

表 8-3　　　　　政府调控下风电绩效动态评价系统仿真模拟调控参量

方案	网损降低幅度（%）	政府激励系数	风电渗透率	经济产值增长率（%）
方案 1	7.2	130	1.1	8
方案 2	2005—2015 年保持 7.2 2015—2025 年升至 8.2 2025—2035 年升至 9.2	130	1.1	8
方案 3	7.2	2005—2015 年保持 130 2015—2025 年升至 140 2025—2035 年升至 150	1.1	8
方案 4	7.2	130	2005—2015 年保持 1.1 2015—2025 年降至 2.1 2025—2035 年降至 3.1	2005—2015 年保持 8 2015—2025 年升至 9 2025—2035 年升至 10
方案 5	2005—2015 年保持 7.2 2015—2025 年升至 8.2 2025—2035 年升至 9.2	2005—2015 年保持 130 2015—2025 年升至 140 2025—2035 年升至 150	2005—2015 年保持 1.1 2015—2025 年降至 2.1 2025—2035 年降至 3.1	2005—2015 年保持 8 2015—2025 年升至 9 2025—2035 年升至 10

8.5.3　模拟结果与分析

基于上述参数设定和方案，运用 STELLA 软件模拟仿真，5 种方案仿真结果详见表 8-4。

表 8-4　　　　　　　　　　5 种方案仿真结果

方案	年份	经济产值（亿元）	CO_2 减排量（万 t）	风力发电量（亿 kW·h）
方案 1	2005 年	2699.53	25122.33	239.69
	2010 年	3965.62	35160.13	245.04
	2015 年	5830.69	43524.97	250.39
	2020 年	8678.96	52726.28	255.74
	2025 年	12629.83	60254.64	261.09
	2030 年	18602.25	69455.96	266.44
	2035 年	27409.79	76984.31	271.78
方案 2	2005 年	2699.53	25122.33	239.69
	2010 年	3965.62	35160.13	245.04
	2015 年	5830.69	43524.97	250.39
	2020 年	9473.92	53839.4	257.44
	2025 年	13329.23	62714.84	263.24
	2030 年	19402.62	73604.98	268.83
	2035 年	28102.72	82984.31	274.01

续表

方案	年份	经济产值（亿元）	CO2 减排量（万 t）	风力发电量（亿 kW·h）
方案 3	2005 年	2699.53	25122.33	239.69
	2010 年	3965.62	35160.13	245.04
	2015 年	5830.69	43524.97	250.39
	2020 年	10878.96	50889.8	258.74
	2025 年	14287.56	58254.64	265.35
	2030 年	19713.23	66913.37	270.64
	2035 年	28719.89	73973.57	276.02
方案 4	2005 年	2699.53	25122.33	239.69
	2010 年	3965.62	35160.13	245.04
	2015 年	5830.69	43524.97	250.39
	2020 年	11704.68	53139.2	256.74
	2025 年	15853.27	60734.54	262.35
	2030 年	24620.08	70619.47	267.64
	2035 年	35652.96	77584.51	273.02
方案 5	2005 年	2699.53	25122.33	239.69
	2010 年	3965.62	35160.13	245.04
	2015 年	5830.69	43524.97	250.39
	2020 年	13974.39	53899.3	258.46
	2025 年	19473.27	62954.34	267.48
	2030 年	27310.05	73619.46	273.46
	2035 年	39152.46	83204.31	278.78

方案 1：根据表 8-4 中方案 1 的仿真结果的数据计算可得，若保持现状不变，经济产值平均每年上升 8.31%（见图 8-9），相比较给定的基数 8%，其他各因素所带来的经济效益增加略微偏低；CO_2 减排量每年均有上升，但上升幅度不足 4%（见图 8-10）；风力发电量虽每年都有上升，但效果不明显，每年上升幅度不超过 0.4%（见图 8-11）。总之，原方案达不到风力发电与环境效益协调发展的良性预期效果。

方案 2：加大技术投入，降低网损率，经济产值相较于方案 1 有提高，CO_2 减排量每年均有上升，并且减排幅度较原方案也有明显增大（见图 8-10）；风力发电量也有所增加，但增加幅度不明显。由此可见，技术投入对环境保护具有积极

111

的推动作用，并且从效果上来看，环境效益对技术投入变化更为敏感。因此发展科学技术，可有效降低能源消费，减小环境压力。

方案 3：加大政府调节力度，使政府激励系数由 2005 年的 130 逐步提高到 150，经济产值的增长速度远高于方案 1（见图 8-9），并且风力发电量有明显增加，但是 CO_2 减排量与原方案相比有所降低（见图 8-10），说明若只依靠政府调节来提高经济增长，或者单方面增加风力发电量而不遵循市场规律，那么经济产值的增加最终将正反馈于煤炭需求，增加煤炭消费，从而对环境造成额外的负担。

方案 4：设定高速经济发展、较高风电消纳的模式，预期 2020 年后经济产值上升幅度达到 13.8%（见图 8-9），说明经济产值增长率的提高以及增值税率的降低不仅直接带来经济产值的高速上升，同时也通过影响系统内其他因素来进一步促进经济发展。CO_2 减排量和风力发电量也有所增加，但效果相较于方案 2 有所欠佳。

方案 5：从模拟结果可以看出，经济产值在 2015 年左右达到 8%，符合现阶段国家发展水平，随着各项因素之间的相互作用，到 2035 年将达到年增长率为 11%左右；另外 CO_2 减排量也年均上升 7%左右，风力发电量有明显增加（见图 8-11），达到经济发展与环境保护的协调发展，并且设置的主要因素对经济效益与环境效益都有较强的敏感性，因此该方案相对来说是符合风力发电政府调控的最佳方案。

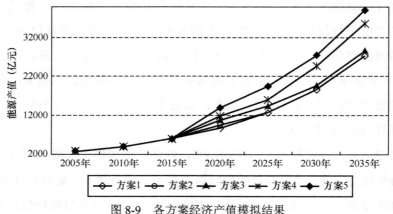

图 8-9　各方案经济产值模拟结果

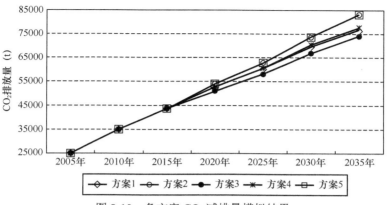

图 8-10   各方案 CO_2 减排量模拟结果

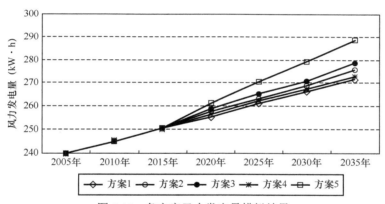

图 8-11   各方案风力发电量模拟结果

本 章 小 结

通过仿真结果可以看出，方案 5 是政府调控下风电发展经济效益和环境效益共赢的方案。该方案既能使风力发电的经济效益保持较为平稳的增长，又能使环境保护目标更进一步接近规划要求，同时也能充分体现政府的调控作用，从而促进整个风力发电系统平稳发展。同样，也可以用该方法测算其他可再生能源的绩效详情。本章建立详细的 SD 模型模拟仿真，结合模拟结果和目前风力发电发展现状，提出以下几方面建议：

（1）加强技术支持，减少发电侧、输电侧的损耗。由模拟仿真可知，电网损耗会直接影响风力发电经济效益与环境效益，技术上的进步不仅将显著增加风力发电量，直接减少火电等传统能源发电量，优化能源架构、实现低碳电力，还将促进新能源以及常规能源发电成本的普遍降低。这意味着技术进步是风力以及其他可再生能源发电经济效益提高的重要保障。

（2）把握市场规律，加强政府调控。由仿真结果可以看出，政府激励若一味顺应市场，会导致新的不平衡，政府作为社会发展的主导者，要发挥其在整个电网发展规划中的导向作用，提高市场调控水平，强化管理与监督，建立健全新能源的发展补偿机制，从而使可再生能源发电可持续发展。

（3）加强区域合作建设，提高可再生能源消纳能力。我国目前面临着电力负荷与能源呈逆向分布的问题，造成目前我国风力发电弃风现象严重、输送成本高等问题，这也是造成其他可再生能源经济效益较低的主要因素之一，具体影响程度可以分别代入相关可再生能源数据进行仿真分析。从该章节风电仿真结果可以看出，风电消纳能力直接影响着风力发电量与区域的社会经济效益，故加强区域间输电通道建设不仅可以缓解输煤通道压力，提高地区风电消纳能力，另一方面也可以为区域经济创造额外效益。

第9章　可再生能源投资的政府激励机制

前几章内容主要从技术上、方法上对区域间可再生能源发电的绩效评价做了阐述，但是可再生能源发电项目不仅仅是技术和方法的问题，更是关乎国家宏观发展的重要议题，因此其推动和发展往往受到政府的引导和监管。政府在这一领域扮演着关键角色，通过制定支持性政策、提供财政激励和进行监管控制，直接影响着这些项目的可行性和效益。近年来，我国可再生能源发电产业呈井喷式发展，其发展有效缓解了传统能源发电带来的环境压力，同时也进一步完善了我国发电能源结构。但是可再生能源发电需要长期满足降低能源成本和开发更有效装置的要求，而且相比于传统能源，不具有成本优势，无法直接接入市场竞争，并且依靠技术推动成本下降是一个长期的过程，而且可再生能源发电对政策具有高度敏感性，更需要政府的激励机制来保证其在市场上的可行性。据此，建立一个合理的可再生能源发电激励政策机制对其发展以及国家向环境友好型经济发展模式转型具有重要意义。

目前对可再生能源发电激励机制问题已展开了较多的研究，一方面可以说明政府政策对可再生能源项目决策的重要性，另一方面也说明了开展可再生能源发电项目投资绩效的政府决策研究的必要性。但是纵观目前对于政策的研究重点主要集中于可再生能源发电决策补贴机制、发电影响因素分析、低碳经济制度等方面，并且所建模型往往只关注政策目标和政策工具，忽视了可再生能源发电在电力行业市场化改革过程中的不确定影响因素。另外，由于目前可再生能源发电还无法做到短期内降低成本以提高其竞争力，只能依靠政府的财政补贴来维持其在市场上的商业可行性，同时可再生能源发电产业在发展之初还被赋予市场以外的使命，其发展本身更是一个公共政策推动的市场。

基于上述原因，本章内容立足于可再生能源发展对政策的高度敏感性以及对环境保护的积极影响力，基于之前两章内容所得的影响区域间可再生能源发电绩效的因素以及相互间的因果关系，同时结合国内外政府对可再生能源法定补贴策略具体分析其发展过程中的外部性影响因素，基于机制设计理论在考虑补贴和税收的情况下设置模型，对模型解析得出政府补贴的最低额度和最高税收率，从而为可再生能源的发展决策提供合理的政府激励机制。

9.1　最优化相关理论与算法

最优化方法通常也称为运筹学方法，它是基于数学方法与模型来分析研究各类系统的优化途径，从而为决策者提供较好的理论依据。通常情况下，最优化方法的主要研究对象涉及大型的生产管理的计划分配以及组织管理，而这些事件往往需要达到一个成本最小或者效益最优的目的。由该现象可知，最优化方法的目的就是寻求合理的方法，使得所研究的对象达到人力、物力、财力的最优分配，从而提高整体效益。一般情况下，最优化方法主要是利用线性规划问题的模型、求解及其应用（运输问题），或者动态规划的模型、求解（资源分配问题）。

9.1.1　最优化方法的应用

最优化方法可以分为最优设计、最优管理、最优计划、最优控制等方面。第一，最优设计方面：世界各国的飞机制造、大型精密仪器制造、机械等部门都广泛运用最优化方法于设计之中，从各种参数的设计选择到最佳结构形状的选取，各过程都结合并注入相当多的最优设计问题；另外电子线路的设计也是最优化设计广泛应用的领域。第二，最优管理方面：在日常生活中生产计划的制订、调度和运行中都涉及了最优管理，并且随着信息系统的逐步发展与升级，也使得最优化管理的发展有了质的飞跃。第三，最优计划方面：现代国民经济或者一些部门经济的计划，直至企业的规划发展等等，尤其是一些农业规划、种植计划、资源规划的制订，均广泛应用最优计划，并且具有帮助领导部门作出最优化决策的明显趋势。第四，最优控制方面：主要是运用在对各种系统的控制优化方面，例如一些化工、冶金等工厂的最佳工况的控制等等。

9.1.2　最优化理论的详细意义及工作步骤

从数学意义上来说，最优化方法是一种求解极值的方法，即在一组约束条件下，使得系统的目标函数达到极大值或者极小值。另外，从经济学方面来说，指的是在规模一定的条件下，如何使经济效果达到最大值，比如上节中所提到的产值、利润等，抑或是在达到一定经济效益的前提下，使得投入的人力、物力、财力等资源达到最少。

通常用最优化方法解决实际问题需要经过如图 9-1 所示的步骤，并且在通常情况下这些步骤间的工作相互支持、相互制约，在实际中常常是反复交叉进行。

图 9-1　最优化方法工作步骤

9.1.3　最优化模型及相关方法

最优化模型一般包括变量、约束条件、目标函数这三个要素，其中变量是指最优化问题中待确定的量（即未知变量），通常用 $x = (x_1, x_2, \cdots, x_n)$ 表示；约束条件表示在求解最优方案时对变量的一些限制，相当于边界条件，不仅仅有技术上的约束，也有资源和时间上的一些约束；目标函数则是对最优化解的一个评判（达到效果最优）。通常情况下，最优化问题根据不同的变量、约束、目标函数、时间关系等具有不同的类型，大致可参考表 9-1。

表 9-1　　　　　　　　　　　　　最优化问题分类表

分类标志	变量个数	变量性质	约束	极值个数	目标个数	函数关系	问题性质	时间
	单变量	连续	无约束	单峰	单目标	线性	确定性	静态
类型		突变					随机性	
	多变量	函数	有约束	多峰	多目标	非线性	模糊性	动态

通常，不同类型的最优化问题具有不同的最优化方法，但也存在相同类型具有多种最优化方法的情况。换言之，存在一种最优化方法适用于不同类型的最优化问题的现象。一般来说最优化方法可以分为解析法、直接法、数值计算法和其他方法，具体如下：

（1）解析法。该方法的适用范围很明确，必须满足目标函数和约束条件有明显的解析表达式的条件。另外求解步骤也很清晰明朗：①求出最优的必要条件，得到方程组或不等式；②再求解方程组或不等式，并且通过必要条件将问题简化。

（2）直接法。对于隐含目标函数或约束条件，且不适合其他方法的情况，可采用直接法，通过直接搜索，层层迭代求最优解。

（3）数值计算法。也是一种直接法，以梯度法为基础，解析和数值计算相结合。

（4）其他方法。比如网络最优化方法等。

9.2　可再生能源发电项目决策的影响因素分析

我国可再生能源发电行业的快速发展得益于政府政策扶持以及国内外形势的推动，但在其快速发展过程中遇到负荷与资源相偏离、地方保护严重、上网限制严重等问题，额外造成可再生能源发电行业在整体竞争中处于劣势。在电力行业大竞争的环境下，对可再生能源发电影响因素做合理的分析与评价是项目决策的重要手段，主要包括国家支持政策、技术研发、税收政策、价格制订等方面。

（1）支持政策。由于目前可再生能源发电还不是电源供应的主要支撑，其受用电需求波动的影响较小，同时整个可再生能源发电行业还处于调整阶段，其行业发展对国家鼓励经济政策、财政政策以及税收具有高度的依赖性和敏感性。政府的政策是现阶段可再生能源发电发展的必要支撑，激励机制的建立也是影响其所有项目决策的一项重要工程。

（2）技术研发。可再生能源发电的技术开发要求高，投资成本也相对较高，而且在目前依赖于市场竞争的环境下，可再生能源发电不具有竞争优势，这将削弱相应企业的投资意愿。同时电力消费者有低成本偏好，但通常可再生能源发电又面临电力供应不够稳定且成本较高的问题，与消费者期望相背离。因此，在未来很长一段时间内，可再生能源发电行业的发展还需要依靠不断加强技术来控制成本，同时政府也需要设置合理的技术研发补贴。

（3）电价政策。电价政策是影响可再生能源发电项目决策和市场占有水平的重要因素，也是其发展水平的一个衡量指标。但就目前发展情况而言，虽然我国已经实现了根据风能资源的差异性进行调整的固定电价制度，但是电价表现为资源和个别投资相关。据此，在未来的发展中政府还需要进一步针对现状对区域性电价政策做出合理的建设，以面对更积极强劲的可再生能源发电投资。

（4）税收政策。现行的税收政策不能完全体现出国家可再生能源发电发展的战略思想，并且缺乏系统性和完整性。以风电举例来说，浙江税务局关于风电行业税务调研可知目前风电企业所得税"三免三减半"的实施效果并不明显，主要是因为现阶段风电企业的盈利受清洁能源发展补贴的影响较大，而且由于风电自发供给量和需求量都相对较低，企业本身盈利就相对薄弱。另一方面，现有的税收制度中没有独立的能源税种，未形成以可再生能源发电发展与环境保护以及节约能源为目标，各种税收制度相结合的体系，鼓励手段单一，鼓励面较窄，调控视角往往集中于生产环节，忽略了对消费环节的激励。故建立合理针对政府与可再生能源发电协调发展的税收体系对目前可再生能源发电行业决策具有重大的意义。

9.3 影响可再生能源发电决策的政府激励机制研究

可再生能源发电项目决策研究是一个系统工程，与政府的调控和支持息息相关。本章在分析国内外政府对可再生能源发电项目补贴策略的基础上，结合目前有关可再生能源税收面临的问题，构建影响可再生能源发电项目决策的政府激励模型，并通过解析得到合理的激励政策。

9.3.1 激励机制的总体设计思路

从目前实践中政策的预期目标与效果出现错位的现象可知，现有的研究过度将政府政策工具化，过分关注即时效应，忽略了政策制定主体本身的不同行为与偏好，另外由于信息传递可能出现的不对称，政府不可能完全了解可再生能源项目投资企业的内部运行情况。另一方面，投资商是基于政府所给的辅助政策在满足激励相容约束参与的情况下，从自身利益最大化出发确定最优投资模式；而政府则是依据投资商的最优投资模式，同时考虑社会效益和环境效益来确定最优的补贴和税收。由此可见，最优投资模式、补贴、税收是相互影响与制约的关键。基于此，本章构建的政府激励机制设计思路具体如图 9-2 所示。

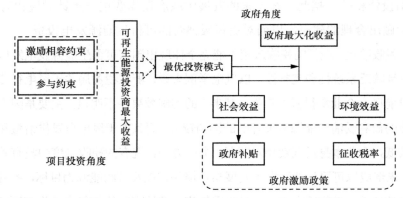

图 9-2　影响可再生能源发电决策的政府激励机制设计思路

9.3.2　相关因素利益分析

通常来说，利益的实现或获取是决策者行动的向导，现从本章的两个研究视角分别分析其利益。政府收益 Z_s 包括扣除政府补贴外的社会效益和考虑环境效益的税收，现假定单位可再生能源发电量所带来的社会效益为 α，政府对其单位发电量的补贴为 β，若年发电量为 Q，政府从可再生能源发电项目所得税收为 T_s，则政府收益为

$$Z_s = (a - \beta) \times Q + T_s \tag{9-1}$$

风电项目收益 F_s 主要为减去成本以及税收之后的部分。现假设单位发电量销售收入为 P，投资成本为 E_s，运行维护成本为 C_s。另外由于大部分可再生能源的不可储藏性以及间歇性，其入网建设费用是成本组成中不可忽略的部分，且它随着发电量的增加而加速增大，为不失一般性，用 $\gamma Q^2 / 2$ 来表示入网建设费用，$\gamma (\gamma > 0)$ 表示建设费用系数，另设 t_s 为税收率，且 $0 \leq t_s < 1$。综上可再生能源发电项

目收益函数为

$$F_s = \left[(\beta + P) - C_s Q - \gamma Q^2 / 2 - E_s Q \right] \times (1 - t_s) \tag{9-2}$$

政府所得税收为

$$T_s = \left[(\beta + P) - C_s Q - \gamma Q^2 / 2 - E_s Q \right] \times t_s \tag{9-3}$$

从上述政府以及可再生能源发电项目收益函数可知：若增加补贴 β 或减小税收率 t_s，则政府收益减少，可再生能源发电项目收益增加，反之亦然。另外在当前一定的政府补贴和税收环境下，项目决策者还需要考虑传统能源发电的机会成本来做出决策，故为了激励可再生能源投资商，必定存在最优的补贴和税收模式，使双方达到利益均衡。

9.3.3　基于最优投资模式的政府补贴税收模型

若假设可再生能源项目投资商完全理性，其必定在自身利益最大化时来确定最佳发电量，由此政府可制定相应的补贴政策。如图 9-1 所示，政府激励机制需要满足参与约束和激励相容约束，从而使得投资商有意愿投资可再生能源发电项目而非传统能源发电，具体的约束模型为

$$C_t = Q(P - C_c - E_c) \times (1 - t_c) \tag{9-4}$$

$$CY : \left[Q(\beta + P) - C_s Q - \gamma Q^2 / 2 - E_s Q \right] \times (1 - t_s) \geqslant R E_s Q \tag{9-5}$$

$$C_t \geqslant R E_c Q \tag{9-6}$$

$$JE : \left[Q(\beta + P) - C_c Q - \gamma Q^2 / 2 - E_s Q \right] \times (1 - t_s) \geqslant C_t \tag{9-7}$$

式中　C_t ——传统能源发电项目收益；

　　　　C_c ——传统能源单位发电量运行维护成本；

　　　　E_c ——传统能源单位发电量投资成本；

　　　　t_c ——传统能源发电征收税率；

　　　　R ——发电项目投资商要求投资回报收益率。

上述模型刻画了政府补贴的可行契约集合，约束表达式是政府与项目决策者之间就可再生能源发电项目实施的行为限制，若信息传递完整，将式（9-4）代入式（9-6）取等号，并求解式（9-7）可得

$$P = C_c + E_c + \frac{RE_c}{1-t_c} \tag{9-8}$$

$$Q \leqslant \frac{2(\beta + P - C_s - E_s)}{\gamma} - \frac{2(P - C_c - E_c)}{\gamma} \times \frac{1-t_c}{1-t_s} \tag{9-9}$$

在此基础上求最佳发电量，将式（9-2）对 Q 求导，$dF_s/dQ = 0$ 时求得最佳发电量为

$$\hat{Q} = \frac{\beta + P - C_s - E_s}{\gamma} \tag{9-10}$$

式（9-10）表明，最佳发电量 $\hat{Q}$ 不受政府所征税率影响，综合式（9-9）、式（9-10）可知，当 $\hat{Q} \in [0, Q]$ 时，投资商按可再生能源发电量为 $\hat{Q}$ 的情况投资，即可得相应的政府补贴满足

$$0 \leqslant \hat{Q} = \frac{\beta + P - C_s - E_s}{\gamma} \leqslant Q \tag{9-11}$$

求解式（9-11）可得

$$\beta \geqslant C_s + E_s + \frac{2RE_c}{1-t_s} - P \tag{9-12}$$

$$0 \leqslant t_s \leqslant 1 - \frac{2RE_c}{\beta + P - C_s - E_s} \tag{9-13}$$

式（9-12）是在最优可再生能源投资模式下的政府补贴，由该式可知政府补贴也不受政府对可再生能源项目征收税率的影响，且达到最优模式下的最低政府补贴为

$$\tilde{\beta} = C_s + E_s + \frac{2RI_c}{1-t_c} - P \tag{9-14}$$

由式（9-13）可知，要使该式成立，必须满足 $\beta + P \geqslant C_s + E_s + 2RE_c$，可知政府可征收的最高税率为

$$\tilde{t}_s = 1 - \frac{2RE_c}{\beta + P - C_s - I_s} \tag{9-15}$$

比较式（9-14）、式（9-15）可以发现，$\tilde{\beta}$ 和 $\tilde{t}_s$ 互为增函数，若需要制定合理的政府激励机制，必须同时考虑补贴和税收，而不是一味地增加补贴或一刀切的

税收政策，必须改善目前有关可再生能源发电项目决策时的偏离性倾向现象。

9.3.4　政府激励模型的确立

如图9-1所示，从政府视角出发实施激励政策时，主要是基于社会效益以及环境效益的考虑。为方便分析，先探讨一定税率下的政府补贴政策，完成后再进一步探讨税收机制。

（1）补贴政策。从市场的引导者——政府出发，一方面考虑社会和环境效益，另一方面需要预期投资方的效益，给出最优补贴策略，以期望效用最大化。基于上节内容给出的最佳发电量 $\hat{Q} = \dfrac{\beta + P - C_s - E_s}{\gamma}$，政府行为要满足以下约束

$$MAX \quad Z_s = (a - \beta) \times \frac{\beta + P - C_s - E_s}{\gamma} + \left[(\beta + P) \times \frac{\beta + P - C_s - E_s}{\gamma} - \right.$$
$$\left. C_s \times \frac{\beta + P - C_s - E_s}{\gamma} - \frac{\gamma}{2} \times \left(\frac{\beta + P - C_s - E_s}{\gamma} \right)^2 - E_s \times \frac{\beta + P - C_s - E_s}{\gamma} \right] \times t_s \quad (9\text{-}16)$$

令 $\mathrm{d}Z_s / \mathrm{d}\beta = 0$，可得政府的最优补贴为

$$\hat{\beta} = \frac{\alpha + C_s + E_s - P + t_s (P - C_s - E_s)}{2 - t_s} \quad (9\text{-}17)$$

若 $\hat{\beta} < \tilde{\beta}$，则政府补贴无法实现最优，若 $\hat{\beta} \geqslant \tilde{\beta}$，则政府的最优补贴即为 $\hat{\beta}$。式（9-17）表明社会效益 α、运行维护成本 C_s、销售收入 P 以及税率 t_s 等均是影响可再生能源发电决策中政府补贴策略的重要因素，其中可再生能源发电的社会效益越明显，政府的补贴力度也就越大。

（2）税收政策。对式（9-13）以税率 t_s 为自变量求导无解，可知，不存在政府的最优税率，只能从可再生能源发电的环境效益来探讨税率的问题，量化环境效益并以此作为政府征收税率的参考依据。另外从上述分析中可知补贴 β 是税率 t_s 的增函数，即若要实施税率优惠，则必须降低相应的政府补贴，且最高税率不能超过 $\tilde{t}_s = 1 - \dfrac{2RE_c}{\beta + P - C_s - I_s}$。

未来随着可再生能源发电技术的成熟以及风电消纳市场的完善，可促使政府适当提高税率，同时除了对可再生能源发电相关企业进行所得税优惠外，还可以

考虑增值税上的优惠政策，以此来完善影响其决策的税收优惠政策。同时政府作为可再生能源发电市场的直接引导者，应该在其显著的环境效益以及代替传统能源发电外部性的基础上，通过对影响政府补贴策略的相关策略和社会影响测算，以补贴政策为基础，所得税为辅助，各种税制要素相互配合、相互制约，同时结合地区差异性构建实践性更强的税收机制。

9.4 算 例 分 析

基于上述建立的模型，本节以内蒙古巴彦淖尔乌拉特后旗某 200MW 风电项目和某 600MW 传统火力发电项目的相关数据来计算得出合理的政府补贴。由前述内容可知，C_s、E_s、E_c、P、R 等参数对模型中政府补贴以及税收具有重要影响，并且能较客观地反映风电发展现状，上述关键参数定义见表 9-2。

表 9-2   关键参数定义

变量	变量值	变量	变量值
C_s	564.9	P	510
E_s	75.3	β_0	235
E_c	32	R	9%

注　表中单位为 $\times 10^{-3}$ 元 $/(\mathrm{kW \cdot h})$。

参考节能减排与环境保护宏观政策，假设目前国家对风电项目无优惠税收政策，即征收所得税税率为 $t_s = 25\%$，则基于上述数据以及最优推导模型可得最优补贴为：$\hat{\beta} = \dfrac{\alpha + C_s + E_s - P + t_s(P - C_s - E_s)}{2 - t_s} = 0.295[\text{元} / (\mathrm{kW \cdot h})]$，另外根据推导公式计算可得最低补贴为：$\tilde{\beta} = C_s + E_s + \dfrac{2RI_c}{1 - t_c} - P = 0.138[\text{元} / (\mathrm{kW \cdot h})]$，$\hat{\beta} > \tilde{\beta}$，最优补贴即为 $\hat{\beta} = 0.295[\text{元} / (\mathrm{kW \cdot h})]$，且现时补贴与最优补贴间的差额为 $\Delta \beta = \hat{\beta} - \beta_0 = 0.06[\text{元} / (\mathrm{kW \cdot h})]$。

上述结论是假设国家对风电项目无税收优惠的情况下所得，而目前国家为了鼓励风电的发展采取了一系列优惠政策，与此同时，结合上述模型可知可相应减少政府补贴，具体情况见表 9-3。

表 9-3　　　　　　　　　　不同税率下的最优补贴

税率	最优补贴	差额	税率	最优补贴	差额
25%	295.3	60.3	10%	282	47
20%	290.4	54.4	5%	278.1	43.1
15%	286.1	51.1	0	274.4	39.4

注　表中单位为 $\times 10^{-3}$ 元 / kW·h。

根据实例分析可知，尽管税率和补贴互为增函数，但是政府补贴对税率的敏感程度不高。由表 9-3 计算得出平均敏感度为 $\frac{1}{5} \times \sum_{i=1}^{5} \frac{(\Delta\beta_i - \Delta\beta_{i-1}) / \hat{\beta}_{i-1}}{5\% / t_{s_{i-1}}} = 0.085$。所以影响风电决策的政府激励机制一方面要依赖于模型给出合理的政策，另一方面也要结合现状，即使在完全没有税收时，风电市场的打开依然需要政府适当的补贴。

本 章 小 结

从上述案例可以看出，风力发电具有良好的社会效益和环境效益，这也间接证明了可再生能源具有类似的效益。本章节通过对风力发电正外部性分析以及影响风电决策的关键因素分析，同时基于机制设计理论构建相应的政府激励机制，结合目前风电发展项目决策所面临的问题可以得出以下结论：

（1）加强政策实践。由前述内容可知，目前实践中政策的预期目标与实践效果出现错位，政策缺乏长期的实践效用。但是政府作为可再生能源发电发展外部性效益的直接受益者，应该在科学评价新能源代替传统能源发电的社会、环境等基础上，制定合理的激励政策且加强实践操作性，以促进产业健康发展。

（2）加强可再生能源发电项目决策的影响因素分析。考虑到政策的稳定性和延续性，政府在制定激励机制前需要对影响可再生能源发电决策的关键因素进行分析，以此来加强政策的完整性与准确性。但就目前发展情况来看，对可再生能源发电项目决策的影响因素把握不够精准，政府以及消费者缺乏对可再生能源发电外部性的正确评估。在未来发展中，应平衡经济利益与社会利益并将其量化，

我国可再生能源替代的经济环境效应及激励机制研究

以此来解决市场失灵问题，也有助于准确把握可再生能源决策的关键要素。

（3）完善法律保障，降低可再生能源发电决策的不确定性。不确定性常常被视为潜在的投资壁垒，政府激励机制的另一个目的也是为了降低可再生能源决策者决策时所面对的不确定性，但仅仅依靠激励政策不足以保障其效果长期有效，因为从另一方面来看，激励政策本身也存在着不确定性。故影响可再生能源发电决策的政府激励研究需要法律体系的不断完善以适应其迅速发展，同时也为政府激励机制的建立提供强有力的保障。

第10章 总结与展望

10.1 总　　结

通过不同政策推进可再生能源替代是一个多部门间相互联系的大系统问题，这些政策的实施不仅对可再生能源替代有一定的促进作用，也同时会对宏观经济、环境等各方面产生影响。不同的促进政策对可再生能源替代的能源经济环境的影响也有所不同，因此本书通过碳税政策、价格政策以及水电增值税退税政策三种政策利用 CGE 模型对可再生能源替代进行模拟，并通过讨论风力发电政策对风电的经济效益进行深入细致的研究，进而提出我国可再生能源发电的激励机制。

（1）基础数据的搜集。本书通过对 2007 年投入产出表的数据进行整合处理，结合国家统计局数据、《中国财政年鉴》《中国能源年鉴》等数据建立宏观 SAM 表，并根据自己的研究内容合并细分各部门，建立微观 SAM 表格，用最大熵法对微观 SAM 表和宏观 SAM 表进行配平，形成平衡的社会核算矩阵，从而为计算 CGE 模型提供数据基础。

（2）CGE 模型的建立和计算。通过对宏观经济学、能源环境理论的学习，建立能源-经济-环境 CGE 模型，并对所建立的 CGE 模型进行编程，并用 GAMS 软件中的 PATH 计算器对程序进行仿真计算，经过多次对程序的调整，最终计算出 CGE 模型的模拟结果。

（3）模拟碳税政策对可再生能源替代的能源经济环境效应分析。首先，对碳税政策进行设计加入适当的设计模型，计算出碳税政策的模拟结果。通过设置情景，将不同情景的模拟结果与基本情景相对比，分析出对我国可再生能源占比、能源结构变化、宏观经济、CO_2 排放量的影响。结果表明：从能源结构变化的角度来看，当碳税收入占 GDP 比例由 0 增加到 0.9%时，煤炭总产量明显降低，石油总产量也有所降低，降低幅度次于煤炭，可再生能源和火电的总产量均有明显增加，化石能源消耗有所降低，能源结构得到优化。从可再生能源消费占比来看，可再生能源和清洁能源在能源结构中的占比有明显上升，在目前的电力结构和规模技术参数下，火力发电量的消费占比也大幅上升，相对于火电消费的占比增幅，可再生能源消费占比的增幅较小。

（4）模拟化石能源价格变化对可再生能源替代的能源经济环境影响。通过加入化石能源价格变化的设计模型，分别计算出煤炭价格变化、石油价格变化的模拟结果。并将不同情景的模拟与基本情景相比较，分析出我国化石能源价格变化对我国可再生能源替代、能源结构变化、宏观经济、CO_2 排放量的影响分析。结果表明，化石能源价格的升高时可以提高可再生能源占比，降低化石能源在能源结构中的占比，并对 CO_2 减排起到明显的促进作用，但对宏观经济有一定的负面影响。

（5）模拟水电增值税退税政策对可再生能源替代的经济环境效应分析。依据我国《关于大型水电企业增值税政策的通知》的有关规定，本书分别从退税税率为 3%、5%、9%三种情况对水电的退税政策进行模拟，通过不同情景的模拟结果与基本情景进行比较，得出我国水电增值税退税政策对我国可再生能源替代、能源结构变化、CO_2 排放量的影响分析。结果表明：水电增值税退税政策的实施能够刺激水电企业的发展，增加水电企业的发电量和消费量，降低化石能源消耗。

（6）通过对传统绩效分析模型的改进，基于超效率 DEA 和 Malmquist 指数模型对中国三北地区的风力发电绩效进行了评价。仿真结果表明：西北地区综合技术效率明显低于东北与华北地区，其中规模效率是影响其风电综合技术效率高低的关键因素；另外区域间技术进步指数的悬殊是造成三北地区风电经济效益差异明显的主要原因。

（7）针对风力发电绩效评价是一个集合经济、环境、技术、能源等多个方面于一体的综合性研究，并且运用系统动力学这个具有系统循环优势的模型展开风力发电绩效评价，从需求侧、电网侧、发电侧出发，综合考虑风电生产、政府激励机制、需求侧响应、CO_2 排放等因素，分析影响风电效益的关键因子及其相互因果关系。建立 5 种方案对关键因子进行调控，构建 SD 模型实现 2015—2035 年间的中长期预测。仿真结果表明，需求侧响应将通过发电成本机制影响经济发展；发电侧以及输电侧的技术进步可以有效提高风电利用效率，减少 CO_2 排放量；此外，合理的政府调控力度有利于风电经济效益与环境效益共同提高。

（8）风力发电的发展离不开国家以及政府相关政策的引导，基于宏观方面的考虑以及目前政府激励在实践中被弱化的现象，书中考虑影响风电发展的技术研发补贴、电价补贴、税收等因素，同时基于机制设计理论在考虑上述影响因素的情况下构建政府对风电项目的激励机制模型，对搭建模型进行解析得出合理的政府补贴和税收率，并结合案例测算所建模型的效应。最后提出适合目前风电发展的实际建议与激励机制。

10.2　展　　望

就本书研究的不足之处，本书将在今后的研究中需要展开以下工作：

（1）加入时间序列，建立动态 CGE 模型。利用动态 CGE 模型，基于时间序列的变化，研究碳税政策和价格政策对可再生能源替代的影响效应做中长期的趋势进行分析，以便更加深入研究政策变化对可再生能源替代的影响。

（2）增加政策研究范畴。由于篇幅限制，本书只研究了碳税政策和化石能源价格政策对可再生能源替代的能源经济环境效益的影响，而可再生能源直接投资政策、可再生能源价格政策等其他政策没有深入研究，这些政策也是促进可再生能源替代的有效措施，也是后续研究的方向和重点。

（3）风力发电绩效评价研究是经典能源-环境保护研究领域的一个延伸，从风电绩效评价出发，可以做不同可再生能源发电之间的绩效比较，并结合当地资源禀赋，以此得出符合当地经济发展水平以及资源最优化配置的合理的可再生能源组合发电。

（4）可以从风险评估角度展开风电投资绩效的评价。因为风电机组受波动性和间歇性的影响，这给电力系统的稳定运行带来了一定的风险，并约束了风电的可并网量，另外，风电的效益风险会直接影响风电投资策略。因此，为了充分发挥风电的环境效益，增加并网容量，针对风电并网开展研究，探讨合理的风电发展方式及风险管理策略具有重要的意义。

（5）从电网需求侧对区域风电的经济效益进行评价。清洁能源发电是当前研究热点，也是国家宏观控制的重点，从需求侧视角看待经济效益也是诸多需求侧资源实现参与系统运行的技术先决条件，故引入风力发电以及与其他各种可再生能源发电绩效评价的需求侧分析对整个可再生能源发电架构以及电网制度具有巨大的意义。

参 考 文 献

[1] 国家统计局. 中国统计年鉴 2022[M]. 北京：中国统计出版社, 2022.

[2] 郑启航, 刘帅. 到 2050 年可再生能源可支撑中国 80%的发电量[J]. 水力发电. 2014, 40(4): 64.

[3] 郭雁珩. 助推我国可再生能源发电产业健康持续发展[J]. 中国电力企业管理, 2019, 565(16): 26-29.

[4] 张明阳. 基于动态 CGE 模型中国电力价格波动的经济影响效果分析[D]. 中国石油大学(北京), 2020.

[5] 种照辉, 姜信洁, 何则. 国际能源贸易依赖网络特征及替代关系研究：化石能源与可再生能源[J]. 地理研究, 2022, 41(12): 3214-3228.

[6] 王军. 基于能源经济 CGE 模型的我国社会核算矩阵 SAM 表编制[J]. 统计与决策, 2019, 35(20): 5-10.

[7] 华研中商研究院. 2014-2018 年中国核电行业投资分析及前景预测报告[EB/OL]. 北京：华研中商研究院, 2014.

[8] 任东明, 王仲颖, 高虎. 可再生能源政策法规知识读本[M]. 北京：化学工业出版社, 2012.

[9] 王凤云, 陈清铌, 李思宇, 等. 德国、日本可再生能源电价机制和市场化发展演进的经验及其借鉴[J]. 价格理论与实践, 2022, 453(3): 68-71+203.

[10] 李绍. 到 2050 年, 可再生能源将为美国提供 44%的电力[J]. 油气田地面工程, 2022, 41(6): 33.

[11] 李亚伟. 中美德日可再生能源政策比较研究[D]. 中国石油大学(北京), 2017.

[12] 娄峰. 碳税征收对我国宏观经济及碳减排影响的模拟研究[J]. 数量经济技术经济研究. 2014(10): 84-109.

[13] Huang Y, Liao C, Zhang J, et al. Exploring potential pathways towards urban greenhouse gas peaks：A case study of Guangzhou, China[J]. Applied Energy, 2019, 251:113369.

[14] 王宇, 朱沈超, 陈芳斌, 等. 中国核电与可再生能源发电协调发展初探[J]. 可再生能源, 2021, 39(8): 1069-1077.

[15] 刘强, 田川, 郑晓奇, 等. 中国电力行业碳减排相关政策评价[J]. 资源科学, 2017, 39(12): 2368-2376.

[16] 汪鹏, 许鸿伟, 任松彦, 等. 基于 CGE 模型的粤港澳大湾区电力低碳转型路径评估[J]. 中国人口·资源与环境, 2021, 31(10): 90-104.

[17] Sara Proenca, Miguel St. Aubyn. Hybrid modeling to support energy-climate policy：Effects of feed-in tariffs to promote renewable energy in Portugal [J]. Energy Economics. 2013(38): 176-185.

[18] Tianyu Qi, Xiliang Zhang, Valerie J. Karplus. The energy and CO_2 emissions impact of renewable energy development in China [J]. Energy Policy. 2014,(68): 60-69.

[19] Zhengquan Guo, Xingping Zhang, Yuhua Zheng, et al. Exploring the impacts of a carbon tax on the Chinese economy using a CGE model with a detailed disaggregation of energy sectors[J]. Energy Economics. 2014(45): 455-462.

[20] Grant Allan, Patrizio Lecca, Peter McGregor, Kim Swales. The economic and environmental impact of a carbon tax for Scotland：A computable general equilibrium analysis [J]. Ecological Economics. 2014(100): 40-50.

[21] Girish, G.P.Spot electricity price forecasting in Indian electricity market using autoregressive-GARCH models[J]. Energy Strategy Reviews, 2016, s 11–12:52-57.

[22] 赵玉荣. 可再生能源发电支持政策及其影响研究[D]. 对外经济贸易大学, 2019.

[23] 韩晶, 朱伟林.碳税对国际资本流动的影响及其机制分析——基于 GTAP 模型的模拟分析[J]. 国际商务(对外经济贸易大学学报), 2022, 209(6): 121-136.

[24] 陆春华, 李晨光, 李虹. 基于动态 CGE 模型的碳税政策促进江苏省低碳发展研究[J]. 科学决策, 2022, 299(6): 54-72.

[25] 贺春光, 韩光, 赵阳, 等. 双碳背景下计及新能源大规模接入的电量趋势预测与分析[J]. 可再生能源, 2022, 40(11): 1554-1562.

[26] 赵文会, 毛璐, 王辉, 等. 征收碳税对可再生能源在能源结构中占比的影响——基于 CGE 模型的分析[J]. 可再生能源, 2016, 34(7): 1086-1095.

[27] 刘冶, 赵秋红. 政策对发电企业能源决策的影响及最优化模型[J]. 系统工程理论与实践, 2015, 35(7): 1717-1725.

[28] 史佳瑞, 汤玲, 余乐安, 等. 基于 CGE 模型的煤炭资源税改革影响研究[J]. 系统工程理论与实践. 2015, 35(7): 1698-1707.

[29] 徐晓亮, 许学芬. 资源税改革中税率模拟与选择[J]. 资源与生态学报. 2013, 4(4): 374-378.

[30] Alitrza Aslani, Petre Helo, Marja Naaranoja. Role of renewable energy policies in energy dependency in Finland：System dynamics approach [J]. Applied Energy. 2014(113): 758-765.

[31] Miguel Perez de Arce, Enzo Sauma, Javier Contreras. Renewable energy policy performance in reducing CO_2 emissions [J]. Energy Economics. 2016(54): 272-280.

[32] 郑宇花, 迟远英. 煤炭价格对我国能源消费、碳排放与宏观经济的影响[J]. 煤炭工程. 2016, 48(1): 142-144.

[33] 王立杰, 高志远. 基于 CGE 模型的煤炭价格上涨对我国宏观经济的影响[J]. 生态经济. 2015, (31）3:66-69.

[34] 郑敏嘉, 吴伟杰, 李逸欣, 等. 广东电力碳达峰路径研究[J]. 广东电力, 2023, 36(1): 29-34.

[35] 李晨光, 王帅, 郭雨蕙.碳中和背景下钢铁行业低碳转型发展政策工具与路径分析——基于动态 CGE 模型的模拟研究[J]. 经济问题探索, 2023, 486(1): 34-59.

[36] 安慧昱. 我国可再生能源替代化石能源的发展现状及问题研究[J]. 北方经济, 2019, 377(4): 52-54.

[37] 张丽娜. 碳排放权交易对可再生能源发展的影响[D]. 对外经济贸易大学, 2020.

[38] 邹阳. 我国新能源和可再生能源的替代效应分析[J]. 经济体制改革. 2015(6): 185-190.

[39] 何则, 周彦楠, 刘毅. 2050 年中国能源消费结构的系统动力学模拟——基于重点行业的转型情景[J]. 自然资源学报, 2020, 35(11): 2696-2707.

[40] 胡青. 基于 CGE 模型的碳税政策对中国经济结构影响研究[D]. 江南大学, 2017.

[41] 王露. 基于环境动态随机一般均衡模型（E-DSGE）的碳减排政策经济与环境效应研究[D]. 重庆大学, 2021.

[42] Scarf. H. On the Computation of Equilibrium Price in Fellner W. Ten Essays in Honor of Irving Fisher [M]. New York：Wiley, 1967.

[43] Taylor, L. S. L. Black. Practical General Equilibrium Estimation of Resource Pulls under Trade Liberalization[J]：Journal of International Economics. 1974, 6(1): 37-58.

[44] Dervis, K. J. De Melo, S. Robinson. A General Equilibrium Analysis of Foreign Exchange

Shortages in a Developing Country[J]. Economic Journal. 1980(364): 891-906.

[45] Robinson, S. L. D. Tyson. Foreign Trade, Resource Allocation, and Structural Adjustment in Yugoslavia：1976-1980[J]. Journal of Comparative Economics. 1985(9): 46-70.

[46] Robinson, J. Multisector Models. In Handbook of Development Economics (H. B. Chenery and T. N. Srinivasan, EDS. ）[M]. Amsterdam：North-Holland. 1985.

[47] Dewatripont. M. , S. Robinson. The Impact of Price Rigidities：A Computable General Equilibrium Analysis[D]：[Giannini Foundation Working]. University of California, Berkeley, 1989：375.

[48] Ervis K, deMel J, Robinson S. General equilibrium models for development policy[M]. Cambridge University Press, 1982.

[49] Ghosh M, Rao S. . A Canada-U. S. customs union：Potential economic impacts in NAFTA countries[J]. Journal ofPolicy Modeling. 2005, 27(7): 805-827.

[50] Ramiro Parrado, Enrica De Cian. Technology spillovers embodied in international trade：Intertemporal, regional and sectoral effects in a global CGE framework[J]. Energy Economics. 2014(41): 76-89.

[51] Athula Naranpanawa, Rashmi Arora. Does Trade Liberalization Promote Regional Disparities? Evidence from a Multiregional CGE Model of India[J]. World Development. 2014(64): 339-349.

[52] Sanjaya Acharya, Jens holscher, Cristiano Perugini. Trade liberalisation and inequalities in Nepal：A CGE analysis[J]. Economic modelling. 2012(26): 2543-2557.

[53] Maria C. Latorre. A CGE Analysis of the Impact of Foreign Direct Investment and Tariff Reform on Female and Male Workers in Tanzania[J]. World Development. 2016(77): 346-366.

[54] 潘金月，张维磊，鲁晓威，等. 清洁可再生能源节能潜力评估方法研究[J]. 能源与环保, 2022, 44(11): 165-170.

[55] 肖谦，陈晖，张宇宁，等. 碳税对我国宏观经济及可再生能源发电技术的影响——基于电力部门细分的 CGE 模型[J]. 中国环境科学, 2020, (8): 3672-3682.

[56] 唐亚敏. 基于 CGE 模型的中国现代能源经济发展政策模拟分析[D]. 河南财经政法大学, 2020.

[57] 刘桢，谢鹏程，黄莹，等. 基于能源政策模拟模型的广州市 2050 年实现碳中和的路径研究[J]. 科技管理研究, 2023, 43(4): 211-219.

[58] 严菲，谭忠富. 基于 DEA 方法的全要素能源效率分析[J]. 华东电力, 2009, 37(9): 1569-1571.

[59]　陈心慧. 基于动态 CGE 模型的电动乘用车财税政策效应研究[D]. 浙江财经大学, 2019.

[60]　Yang X, Dai H, Dong H . Impacts of SO_2 taxations and renewable energy development on CO_2, NO_x and SO_2 emissions in Jing-Jin-Ji region[J]. Journal of Cleaner Production, 2018(1): 171.

[61]　Patwardhan A. P., Gomez-Echeverri L, Johansson TB et al. Global Energy Asse ssment：Toward a Sustainable Future [M]. Cambridge University Press, 2012.

[62]　袁嫣. 基于 CGE 模型定量探析碳关税对我国经济的影响[J]. 国际贸易问题. 2013(2): 92-99.

[63]　范志生. 我国碳排放政策动态效应的 DSGE 模型分析[D]. 重庆工商大学, 2021.

[64]　刘宇, 周梅芳. 煤炭资源税改革对中国的经济影响——基于 CGE 模型的测算[J]. 宏观经济研究. 2015(2): 60-67.

[65]　United Nations Framework Conventionon Climate Change (UNFCCC). Intended Nationally Determined Contributions (INDCs). 2015. http://unfccc. int/focus/indc_portal/items/8766.php.

[66]　张晓娣, 刘学悦. 征收碳税和发展可再生能源研究——基于 OLG-CGE 模型的增长及福利效应分析[J]. 中国工业经济. 2015(3): 18-30.

[67]　Hancheng Dai, Toshihiko Masui, et al. Assessment of China's climate commitment and non-fossil energy plan towards 2020 using hybrid AIM/CGE model[J]. Energy Policy. 2011, 39(5): 2875-2887.

[68]　Karen Tapia-Ahumada, Claudia Octaviano, Sebastian Rausch, et al. Modeling intermittent renewable electricity technologies in general equilibrium models[J]. Economic Modelling. 2015(51): 242-262.

[69]　Nath U K, Sen R. A Comparative Review on Renewable Energy Application, Difficulties and Future Prospect[C]//2021 Innovations in Energy Management and Renewable Resources (IEMRE). 2021.

[70]　Ruamsuke K, Dhakal S, Marpaung C. O. P. . Energy and economic impacts of the global climate change policy on South east Asian countries：ageneral equilibrium analysis[J]. Energy. 2015(81): 446-461.

[71]　Rivers N. . Renewable energy and unemployment：a general equilibrium analysis[J]. Resource and Energy Economics. 2013.

[72]　Galinis. A. , Marko J. . A CGE model for Lithuania：the future of nuclear energy[J]. Journal of Policy Modeling. 2000(22): 691-718.

[73] Mitra, Kamidelivand, Caiman, et al. A comparative analysis of substituting imported gas and coal for electricity with renewables – An input-output simulation[J]. Sustainable Energy Technologies & Assessments on Sciverse Sciencedirect, 2018, 30：1-10.

[74] Connolly D, Lund H, Mathiesen BV, et al. The first step towards a 100% renewable energy-system for Ireland[J]. Apply Energy. 2011, 88(2): 502-507.

[75] Kraj ac ic G, Duic N, Carvalho MdG. How to achieve a 100% RE Selectricity supply for Portugal. Apply Energy. 2011, 88(2): 508-517.

[76] Mathiesen B. V. , Lund H. , Karlsson K. . 100% Renewable energy systems, climate mitigation and economic growth. Apply Energy. 2011, 88(2): 488-501.

[77] Lehr U. , Lutz C. , Edler D. . Green jobs? Economic impacts of renewable energy in Germany [J]. Energy Policy. 2012(47): 358-364.

[78] Ocal O, Aslan A. Renewable energy consumption﹣economic growth nexus in Turkey[J]. Renew Sustain Energy Rev. 2013(28). 494-499.

[79] Cai Y, Newth D, Finnigan J, et al. A hybrid energy-economy model for global integrated assessment of climate change, carbon mitigation and energy transformation[J]. Apply Energy. 2015(148): 381-395.

[80] Hancheng Dai, Xuxuan Xie, Yang Xie, et al. Green growth：The economic impacts of large-scale renewable energy development in China[J]. Applied Energy. 2016, 162(1): 435-449.

[81] 钟孔露, 赵文会, 毛璐, 等. 基于 DEA 模型的中国全要素电能利用效率分析[J]. 上海电力学院学报, 2014, 30(5): 491-495.

[82] 黄德春, 董宇怡, 刘炳胜. 基于三阶段 DEA 模型中国区域能源效率分析[J]. 资源科学, 2012, 34(4): 688-695.

[83] 魏巍贤, 赵玉荣.可再生能源电价补贴的大气环境效益分析[J]. 中国人口·资源与环境, 2017, 27(10): 209-216.

[84] 章玲, 方建鑫, 周鹏. Ⅳ TI 方法及其在新能源发电绩效评价中的应用[J]. 系统工程, 2013, 31(11): 108-115.

[85] 陈杰, 刘冬荣. 基于投入产出分析下的我国新能源储能产业科技创新发展战略研究[J]. 学术论坛, 2012, 35(4): 112-117.

[86] 彭荷芳, 谢忠秋, 徐燕. 基于 DEA 模型的常州市新能源产业绩效评价[J]. 资源与产业, 2012, 14(5): 171-175.

[87] 谭忠富, 邓强, 龙海. 我国风力发电存在的问题分析[J]. 华北电力大学学报（社会科学版）, 2009(6): 8-10.

[88] 杨姗姗. 我国汽车产业电动化转型的能源环境效应研究[D]. 天津财经大学, 2020.

[89] Gelan, Ayele. Economic and environmental impacts of electricity subsidy reform in Kuwait：A general equilibrium analysis[J]. Energy Policy, 2018, 112：381-398.

[90] 许士春, 张文文, 戴利俊.基于CGE模型的碳税政策对碳排放及居民福利的影响分析[J]. 工业技术经济, 2016, 35(5): 52-59.

[91] Kuennel B. , Wind Power Econometrics[J]. Energy Policy, 1999(27): 941-942.

[92] Lagomarsino E . Estimating elasticities of substitution with nested CES production functions：Where do we stand?[J]. Energy Economics, 2020, 88.

[93] 张欣. 可计算一般均衡模型的基本原理与编程[M]. 上海：格致出版社, 2010.